PETIT LIVRE DE

— ❧ —

Nos Célèbres
Proverbes

ou petite histoire de la sagesse populaire

par Delphine Dupuis

BIBLIOTHÈQUE
plaisante et enrichissante
à l'usage des bavards

Le Petit Sommaire

Petit livre de nos célèbres proverbes

La sagesse populaire

Un proverbe est une phrase courte et imagée, communément employée pour exprimer un conseil sage ou une vérité basée sur l'expérience. Un proverbe, c'est la voix de l'humanité qui s'élève malgré les siècles endormis, que seules nos mémoires réveillent. C'est un code pratique, une ligne de conduite, parfois même une philosophie. Un proverbe, c'est la conscience des hommes et des peuples qui s'exprime ; le fruit de l'observation des générations passées que nous cueillons encore. Un proverbe, c'est un hommage rendu au bon sens commun, à la sagesse et à la morale universelles. Pourtant, tous ne sont pas bons à suivre... Certains même se contredisent. Mais finalement, ces immortelles maximes ne reflètent-elles pas à merveille l'humanité dans tous ses paradoxes, dans toutes ses contradictions ? Héritage précieux de nos lointains ancêtres, les proverbes étaient déjà mis à l'honneur, estimés, respectés, considérés comme la parole qu'il faut suivre et dicter, par les noms les plus prestigieux de l'antiquité : Pythagore, Socrate et Platon, puis Aristote et ses disciples. Vieux comme le monde, ces conseils avisés se propagent à travers les siècles pour nous éclairer et nous montrer la route, la bonne, celle qu'il faut suivre.

Paroles simples, claires, riches et variées, les proverbes, bien souvent écrits par le petit peuple, les artisans, les paysans, les miséreux, les croyants, les pères et mères de famille, parlent à tout le monde. Ils sont le trésor de notre sagesse populaire.

La Bible a souvent inspiré le langage proverbial du Moyen-âge, mais c'est surtout de *l'Evangile* que la plupart de ces sentences est née. Avertissements salutaires, mises en garde légères, leçons de conduite, témoignages de la misère, dérision des travers humains, nos proverbes semblent s'être frayé un chemin dans les vies de chacun d'entre nous et, semés deçi-delà, ils nous crient « attention » à chaque faux pas que nous nous apprêtons à faire... Même si certains d'entre eux semblent drôles ou légers, il faut tous les prendre au sérieux. Tel un mode d'emploi fait tout exprès pour éviter les écueils, ils nous apprennent quelque chose de la vie, comme pour nous donner la clef d'une partie de ce grand mystère.

Bon voyage au pays des proverbes !

A bon chat, bon rat

Se dit de ceux qui luttent à forces égales.

DÉJÀ CONNU AU XVIIe SIÈCLE, ce proverbe était principalement utilisé entre soldats pour désigner deux adversaires de la même force, dotés des mêmes avantages et prêts à s'affronter. A cette époque, on disait « *A bon assailleur, bon défendeur* », tandis qu'au Moyen-âge, on opposait deux prénoms à la mode : « *Un Roland pour un Olivier* ». Il y a plus de 2000 ans, l'auteur latin Térence (190-159 av. J.-C.) employait la formule « *répondre d'égal à égal* ».

Mais pour bien saisir tout le sens de ce proverbe, il faut lire la fable de La Fontaine (1621-1695), *Le Chat et le vieux Rat,* dans laquelle on nous enseigne qu'il faut savoir déjouer la ruse par la prudence.

Voici, en quelques mots, comment le fabuliste s'explique :
« *Rodilardus était un chat rusé* (...) *et avait croqué maints rats et souris. Une fois, pour mieux les saisir, il s'était suspendu à un meuble et lorsqu'il avait vu rôder sous lui un certain nombre de ces animaux, il s'était laissé retomber sur ses pattes et avait attrapé les moins alertes qu'il avait croqués, bien entendu. En dernier lieu, il s'était roulé dans de la farine, et, pour mieux tromper les rôdeurs, était resté*

dans une immobilité complète. Mais il avait fini par trouver un adversaire digne de lui dans un vieux rat, qui avait payé son expérience au prix de sa queue perdue à la bataille. » En effet, ce vieux rat était expérimenté « *Et savait que la méfiance / Est mère de la sûreté.* » L'histoire de David et Goliath n'est-elle pas une parfaite illustration de notre proverbe ?

À bon entendeur, salut

CELUI QUI ENTEND ET QUI COMPREND L'AVIS REÇU DOIT EN FAIRE SON PROFIT.

Entendez-vous sous ces paroles un conseil donné à mots couverts par lequel celui qui l'émet cherche à faire comprendre l'importance de son avis ? Il ne suffit que de quelques mots pour que les gens intelligents comprennent. *Bon entendeur* signifie *celui qui comprend bien.* Nos voisins allemands utilisent un proverbe qui se rapproche fort du nôtre : *À bon entendeur il ne faut pas une charretée de paroles,* c'est à-dire qu'un simple signe suffit à une personne vive d'esprit pour comprendre l'importance du moment.

Le sens exact de notre locution proverbiale doit être que celui qui entend et qui comprend le conseil reçu doit en profiter, soit pour échapper à un danger, soit pour éviter un grave problème. En un mot, pour trouver son *salut*. Car, en effet, le mot *salut* est bien loin de signifier bonjour ou au revoir ! Cette locution proverbiale, qui peut parfois se transformer en menace, était déjà en usage au XVIIe siècle, mais on disait alors : *A bon entendeur peu de paroles*.

A bon jour, bonnes étrennes

SE DIT QUAND IL ARRIVE QUELQUE CHOSE D'HEUREUX DURANT UN JOUR DE FÊTE.

Pour mieux comprendre ce proverbe, il nous faut aller aux origines des étrennes, agréables présents qui se faisaient le premier jour de l'an. Et c'est à l'époque de Romulus et de Titus Tatius, qui régnèrent tous deux sur Rome de 745 à 740 av. J.-C., qu'il faut partir nous égarer un peu... Tatius, ayant reçu comme bon augure le premier jour de l'an des branches coupées dans un bois dédié à la déesse de la force nommée *Strenna*, adopta dès lors cette coutume. Il baptisa ces présents *streanae*, en hommage donc à celle qui présidait désormais la cérémonie des *étrennes*. Cet usage se propagea ensuite à travers le monde. Il semblerait que les Romains soient parvenus, par leurs conquêtes, à transmettre leurs mœurs. A cette époque, leurs étrennes étaient composées de verveine et de branches sacrées. Ils offraient aussi du miel, des dattes, des figues sèches et joignaient à ces fruits une pièce de monnaie. Bien entendu, les empereurs recevaient aussi leurs étrennes. Auguste aimait celles du peuple qu'il destinait à la construction de statues, placées ensuite aux carrefours. Sous Néron, les perles furent mises à l'honneur en ce jour spécial.

Chez nos ancêtres gaulois, les druides cueillaient le gui qu'ils distribuaient au peuple pour l'occasion. Plus tard, comme à Rome, on se mit à offrir des pièces d'or et d'argent, vite remplacées par des bijoux. Cette coutume se propagea à travers les siècles pour faire le bonheur de nos têtes couronnées.

A ce bon premier jour de l'an, ces bonnes étrennes ont fait la joie des petits comme des grands et ce, pendant des millénaires...

À chaque jour suffit sa peine

CE PROVERBE S'ADRESSE AUX GENS QUI SE PRÉOCCUPENT UN PEU TROP DES ÉVÉNEMENTS À VENIR AU DÉTRIMENT DU PRÉSENT.

Effectivement, la vie serait insupportable si, en subissant les peines quotidiennes, on y joignait la crainte et l'appréhension des soucis et des malheurs du lendemain. Voici ce que dit à ce sujet l'auteur latin Sénèque (58 av. J.-C.) : « *Que de maux sont arrivés, sans qu'ils fussent attendus, et combien ne sont jamais arrivés* (quoique attendus) ». Pourquoi se faire des cheveux blancs, s'angoisser de ce que l'avenir nous réserve alors que nous n'avons aucunement la certitude d'y être confrontés un jour ? N'est-ce pas gâcher le moment présent que de penser au pire que le futur nous réserve peut-être ? On peut donner à ce proverbe encore un autre sens. En effet, il ne faut entreprendre chaque jour qu'un travail à la hauteur de ses forces, sans surestimer ses capacités ni le temps que l'on peut y consacrer. N'oublions pas : QUI TROP EMBRASSE, MAL ÉTREINT ! L'origine de ce proverbe se trouve dans l'Evangile selon saint Matthieu dont voici le verset intégral : « *Ne soyez donc pas en souci pour le lendemain ; car le lendemain aura soin de ce qui le regarde : À chaque jour suffit sa peine.* »

A force de forger, on devient forgeron

C'est en travaillant qu'on apprend à bien faire.

Apprendre, oui. S'entraîner et persévérer surtout ! Un autre proverbe ne nous encourage-t-il pas dans cette voie en nous enjoignant à faire et refaire encore : « Cent fois sur le métier, remettez votre ouvrage » ! Sans aucun doute, l'enseignement que l'on reçoit est une aide précieuse, mais rien plus que le travail et la persévérance ne vous fera parvenir à l'habileté et à la maîtrise de votre spécialité. Tous les plus grands, qu'ils soient professeurs, artisans, artistes ou savants, n'ont pas eu d'autre apprentissage que celui du labeur. Grâce au travail et à l'exercice la perfection de la réalisation sont au bout du chemin. Mais n'oubliez pas, vous êtes seul maître de votre réussite : « Aide-toi et le ciel t'aidera », comme dit l'autre proverbe...

Abondance de biens ne nuit pas

ACCUMULER LES RICHESSES EST UNE BONNE CHOSE.

Comme l'écrivait Voltaire (1694-1778) avec la spiritualité qu'on lui connaît : « *Le superflu, chose très nécessaire* » ! Et pourtant, se peut-il que la sagesse populaire et ce philosophe érudit se soient trompés ? Il est totalement faux de prétendre que trop de biens ne nuit à personne, leur accumulation entraînant souvent de sérieux inconvénients. Selon nos ancêtres philosophes, l'abondance est un frein au bonheur, ce dernier étant un juste équilibre entre la pauvreté et la richesse ! Un autre proverbe ne précise-t-il pas que LE MIEUX EST L'ENNEMI DU BIEN ?

Aide-toi et le ciel t'aidera

NE PAS ATTENDRE QU'ON FASSE LES CHOSES POUR NOUS.

Combien d'entre nous ont déjà agi de la même manière que l'imprudent charretier de la fable de La Fontaine qui, voyant son

Abondance de bien ne nuit pas.

H. Gerbault

chariot embourbé et ses bœufs épuisés, se jeta au sol désespéré en criant et priant le Très-haut de lui venir en aide ? Alors, une voix céleste retentit et les dieux qu'il implorait lui dirent de casser les cailloux et de combler les ornières : « *Aide-toi et le ciel t'aidera.* » En effet, après quelques efforts, le malheureux sortit vainqueur de cette mésaventure qui donna naissance à la morale sur laquelle nous sommes en train de disserter. Comme le disent nos voisins britanniques, « *Dieu nou donne des mains, mais ne bâtit pas les ponts pour nous* » !

Après la pluie le beau temps

AUX MALHEURS SUCCÈDENT LES BONS MOMENTS.

P our ne pas se décourager, il faut toujours garder en tête que la pluie vient effectivement après le beau temps et inversement. On trouve cette idée déjà exprimée en latin dans cette phrase : *Post nubila Phœbus*, dont le proverbe français est la parfaite traduction. Au XIIIe siècle, on écrivait : *Après la pluye, le biau tans*. C'est une consolation un peu banale, il est vrai. C'est pourtant les mots de réconfort que l'on adresse souvent aux malheureux ou malchanceux, mais n'est-il pas juste que, quelquefois, à la douleur et à l'inquiétude succèdent joie et sérénité. On peut citer à l'appui de ce proverbe ces mots du poète Virgile (70-19 av. J.-C.) : *Souvent le temps, dans ses différentes vicissitudes, a rétabli des affaires compromises* ou bien encore ces vers de Voltaire (1694-1778) qui nous donnent foi en un avenir plus radieux lorsque les temps que nous vivons sont sombres :

> « *Cédons à la tempête ;*
> *Sous ses coups passagers il faut courber la tête,*
> *Le temps peut tout changer.* »

Effectivement, après la peine viendra le plaisir, car le bien succède souvent au mal. Dans *La Jeune veuve*, Jean de La Fontaine n'a-t-il pas écrit avec un optimisme communicatif : « *Sur les ailes du Temps la tristesse s'envole* » ?

Après lui,
il faut tirer l'échelle

S'UTILISE POUR QUALIFIER UNE PERSONNE QUI A FAIT UNE CHOSE QU'ON NE PEUT ÉGALER.

Il s'agit ici de l'échelle patibulaire sur laquelle on faisait monter les condamnés afin de les pendre à la potence. Lorsqu'il y avait plusieurs complices, l'usage était de faire monter le plus coupable en dernier et, par conséquent, on retirait l'échelle après lui. Attesté depuis le XVIIe siècle, ce proverbe serait donc né du milieu des mauvaises gens et des criminels. La peine de mort étant abolie, aujourd'hui cette expression ne s'emploie plus qu'au figuré et favorablement pour dire que quelqu'un a si bien fait qu'il n'y a personne pour l'égaler...

Au besoin on connait l'ami

L'*Ecclésiaste*, les *Proverbes de Salomon* et ceux de l'Orient laissèrent une large place à l'amitié ; la plupart des proverbes relatifs à ce lien fort sont souvent émouvants. Ce sont eux, du reste, qui sont à l'origine de presque tous nos proverbes sur les amis. *L'Ecclésiaste* dit : « *Quand un homme est heureux, ses ennemis sont malheureux ; et quand il est malheureux, on connaît quel est son ami.* » Pour Plutarque (46-120), nul doute que « *la bonté du cheval se connaît à la guerre, et la fidélité de l'ami dans la mauvaise fortune.* » Qui, en pleine tempête, n'a pas vu son cercle d'amis se réduire et les plus fidèles rester pour le soutenir ? Comme en témoigne ce vers de La Fontaine, un ami est ce qu'il y a de plus précieux : « *Rien de plus commun que le nom, / Rien de plus rare que la chose* », ce que confirmaient les anciens en affirmant qu' « *un ami sincère est un présent des dieux* ».

Pour apprécier la valeur de cette rencontre magique, terminons par cette agréable boutade : « *Vous avez trois sortes d'amis : vos amis qui vous aiment, vos amis qui ne se soucient pas de vous, et vos amis qui vous haïssent.* » Qui s'est plaint de ne pas avoir d'amis ?

Au royaume des aveugles les borgnes sont rois

On juge de tout par comparaison.

Ce proverbe très ancien se trouvait déjà exprimé de la même façon chez presque tous les peuples. Hérité des Latins qui affirmaient que « *le borgne règne entre les aveugles* », ce proverbe a, dans notre langue et notre culture, un sens un peu ironique. Par ces mots, nous entendons qu'il ne faut pas être surpris de voir un demi-savant paraître un érudit aux yeux des ignorants ni un homme aux capacités limitées avoir beaucoup d'influence sur les gens bornés. L'homme est ainsi fait : il juge sans cesse de tout par comparaison. N'est-il pas vérifié que « NUL N'EST PROPHÈTE EN SON PAYS ? » Ainsi, auprès des hommes instruits, un demi-savant n'est qu'un ignorant, mais placé dans un cercle d'ignares, il sera alors entendu comme un prophète !

Aux grands maux, les grands remèdes

PEUT S'APPLIQUER AU SENS PROPRE COMME AU FIGURÉ, C'EST-À-DIRE AUX MALADIES COMME AUX MALHEURS.

Pour remédier à certains maux, il faut avoir recours aux gens qui savent allier courage et présence d'esprit ; pour d'autres, c'est vers les hommes de science qu'il faut se tourner et donner toute sa confiance.

De même que tout chirurgien n'hésitera pas à couper un membre gangréné pour sauver la vie d'un patient, lorsque l'ordre public est menacé, il ne faut pas hésiter à avoir recours à des moyens extrêmes, même s'ils semblent parfois incroyablement cruels. Le poète Ovide (43 av. J.-C.), auteur de *L'Art d'aimer*, a exprimé cette pensée en ces termes : « *Il faut appliquer le fer dans une blessure incurable, pour que les parties intactes ne soient pas gangrenées.* » Mais pour conclure, nous emprunterons les vers tirés de l'acte I, scène 5, du *Héraclius* de Pierre Corneille : « *Il faut ne craindre rien, quand on a tout à craindre.* » Allez, courage !

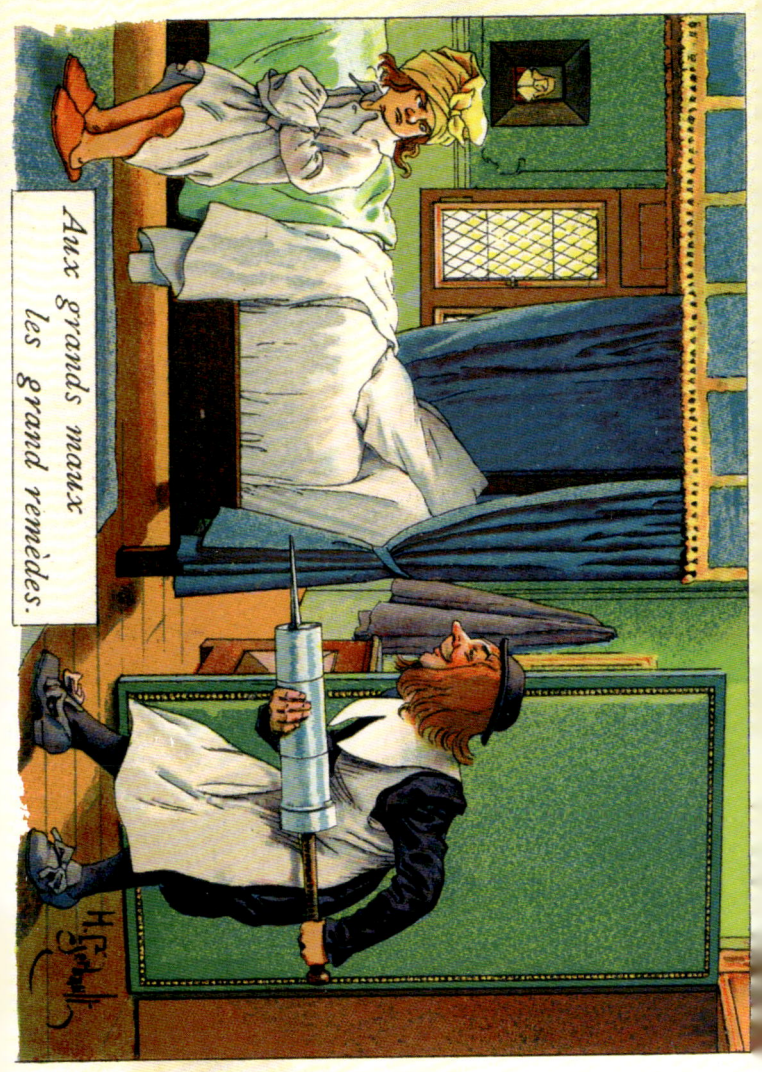

Aux grands maux
les grand remèdes.

Aux innocents
les mains pleines

Selon les *Saintes Écritures*, Dieu protège les petits, les faibles et les déshérités. Il veille sur eux et leur prodigue ses bienfaits. On ignore exactement l'origine de ce proverbe, mais il se peut qu'il se rapporte à la fête des Innocents, ou plutôt à celle des enfants, née en Flandre. En effet, lors des festivités publiques, les riches seigneurs et les princes jetaient des friandises aux enfants du peuple et leurs valets criaient : « *Aux innocents les mains pleines* ». Cet usage se pratiquait encore au début du XIXe siècle, sous la Restauration de Louis XVIII (1755-1824), et même pendant les premières années du règne de la branche cadette des Bourbon, sous Louis-Philippe Ier (1773-1850). Depuis, nos pauvres *innocents* n'ont plus souvent eu *les mains pleines*...

Aux innocents les mains pleines

Bonne renommée vaut mieux que ceinture dorée

LA BONNE RÉPUTATION EST PLUS IMPORTANTE QUE LA FORTUNE.

Autrefois, on disait : *Bonne et commune renommée vaut mieux que ceinture dorée*. La plupart des étymologistes voient l'origine de ce proverbe dans une décision prise au Moyen-âge. En effet, il avait été ordonné aux femmes de mauvaise vie, aux créatures de petite vertu, de porter des signes leur permettant d'être reconnues par ceux qui souhaitaient louer leurs services. Sous la pieuse reine Blanche (1188-1252), épouse de Louis VIII, ces femmes légères durent prendre, pour signe distinctif, une ceinture dorée...

Aussi, en comparant les femmes qui portaient cet ajustement significatif et celles plus discrètes dans leur tenue, on faisait naturellement pencher la balance en faveur de ces dernières, la modestie de leur mise étant preuve de leur vertu.

Cependant, plusieurs historiens font remonter cette locution beaucoup plus haut, en l'appliquant, non plus aux femmes, mais aux hommes. Grégoire de Tours, célèbre historien clermontois né au VIe siècle de notre ère, nous transmit, en effet, l'usage qu'avaient les rois

de donner à leurs serviteurs un baudrier ou ceinturon en or ; ces ceintures étaient donc tout ce qu'il y avait de plus rare. Les Francs portaient aussi des ceintures, non pas d'or, mais dorées, comme signe de leur supériorité sur les Gaulois qu'ils avaient envahis, puis conquis. Mais les vainqueurs ne brillaient ni par leurs bonnes manières, ni par leur loyauté. Aussi les Gaulois, dont les mœurs étaient moins sauvages et plus réglées, se comparaient-ils à leurs conquérants à leur avantage estimant que *bonne renommée* valait *mieux que ceinture dorée*. En effet, mieux vaut être pauvre et avoir bonne réputation qu'être riche et sans vertu. La considération, ça n'a pas de prix !

Charbonnier est maître chez lui

NUL NE PEUT FAIRE LA LOI CHEZ QUELQU'UN D'AUTRE.

Les vieux sentiers de la forêt de Fontainebleau regorgent de souvenirs et sont marqués du sceau des hommes illustres qui les ont empruntés. Voici la délicieuse anecdote historique à l'origine de ce qui fut le proverbe favori sous le règne de François Ier (1494-1547).

Le roi s'étant égaré au cours d'une partie de chasse dans la forêt de Fontainebleau et sentant la nuit tomber, une nuit pluvieuse et froide, se trouve conduit par le hasard vers une chaumière où vascille une faible lueur. Plutôt que d'attendre le jour à patauger parmi les feuilles mortes, la mousse et la boue, il préfère taper à la porte de cette cabane isolée afin d'y demander le gîte et le couvert, en se gardant, bien entendu, de révéler à ses hôtes son identité. Quel taudis ! D'abord son aspect le rebute ; mais n'ayant pas le choix, il frappe à la porte de ce qui est le logis d'un charbonnier et de sa femme.

Bien que modeste, le maître des lieux reçoit du mieux qu'il peut celui qu'il prend pour un simple gentilhomme. Cependant, le charbonnier s'adjuge la meilleure place à table. Le roi n'étant pas habitué à ce genre de comportement de la part de ses courtisans marque un mouvement de surprise, ce qui le trahit. Son hôte constatant l'effet de son acte sur son invité lui dit dans une gaillarde franchise et pour se justifier : « *Que*

Petit livre de nos célèbres proverbes

voulez-vous ? Charbonnier est maître chez lui ! ». Le tout en lui donnant une grosse tape sur l'épaule. Surpris, François Ier en rit et se régale d'un repas délicieux, fait de gibier braconné sur ses terres et de vin tiré de la treille royale. Le charbonnier prie son invité de garder le secret, les braconniers étant, en ce temps-là, sévèrement punis.

Le matin venu, le roi sonne du huchet. Ses compagnons de chasse, inquiets, accourent à son appel et s'inclinent devant lui en lui jetant, tour à tour, des *Sire* et *Majesté*. Le charbonnier est ébahi en reconnaissant le roi en celui qu'il a hébergé. Il commence à se repentir de sa grossièreté de la veille. Mais le monarque, lui frappant à son tour familièrement l'épaule, le remercie chaleureusement pour son accueil et lui accorde une exemption de droits pour le transport du charbon par terre et par eau ! « UN BIENFAIT N'EST JAMAIS PERDU ! », comme nous le rappelle un autre proverbe...

Chat échaudé
craint l'eau froide

QUI A CONNU UNE SITUATION PÉNIBLE ÉVITERA DE S'Y VOIR
CONFRONTÉ À NOUVEAU.

La légende dit qu'un chien, qui n'osait pas sortir par temps de pluie, fut interrogé par un de ses semblables sur l'origine de sa crainte. Il répondit qu'un jour, alors qu'il marchait dans la rue, il avait reçu sur le corps de l'eau qui l'avait brûlé et pelé (c'était de l'eau chaude qu'on avait jetée par une fenêtre). Depuis ce temps-là, il avait toujours craint la pluie. Cette courte fable rappelle l'appréhension que laisse en nous un danger passé. Il est dans la nature humaine de redouter même le souvenir du danger qu'on a couru. Ce n'est pas un instinct contre lequel il faut lutter ; bien au contraire. *L'Ecriture* dit que *celui qui aime le péril y périra.* C'est par amplification que le proverbe dit : *Chat échaudé craint l'eau froide,* et pour faire entendre qu'on n'a pas seulement peur du danger auquel on a échappé, mais qu'on craint même l'ombre du danger.

Dans le doute abstiens-toi...

IL VAUT MIEUX SE TAIRE OU NE PAS AGIR QUE DE S'EXPOSER
À MAL FAIRE.

« **D**ans le doute abstiens-toi... c'est la maxime du sage. » Ainsi nos anciens terminaient-ils le proverbe qui nous intéresse ici. Devise de tous les philosophes, mais aussi des hommes sensés et réfléchis de toutes les nations et de tous les temps, ce proverbe met en avant l'importance du doute dans bien des circonstances. Acte de raison, garantie de la justice, le doute est l'un des préceptes préférés des sages. Puisqu'EN TOUT IL FAUT CONSIDÉRER LA FIN, les Grecs antiques voyaient déjà la valeur de ce proverbe et l'importance de ne pas s'engager lorsqu'on doute de l'aboutissement. Ce concept de prudence nous fut donc légué par nos lointains ancêtres. On retrouve chez l'auteur latin Pline (23-79) la phrase que voici : « *Si tu doutes, abstiens-toi d'agir* (...) ». Quant à Alexis Piron, homme de lettres et esprit brillant du siècle des Lumières, il traduit cette même idée dans un de ces vers : « *Ne décidons jamais où nous ne voyons goutte.* »

En effet, n'est-il pas préférable de ne pas s'aventurer

lorsque l'on doute du bien-fondé d'une affaire ? D'origine païenne, ce proverbe mérite d'être appliqué à notre quotidien. Pourtant, il est très vite contredit par cet autre proverbe : « QUI NE TENTE RIEN N'A RIEN ! »

Des goûts et des couleurs, il ne faut point disputer

CHACUN A UNE OPINION ET UN SENTIMENT PARTICULIER SUR LES CHOSES.

Un autre proverbe pourrait étayer celui que l'on employait déjà au XVIIIᵉ siècle : « TOUS LES GOÛTS SONT DANS LA NATURE ». Mais l'origine de ce proverbe remonte déjà à plusieurs siècles. Au Moyen-âge, il se formulait en latin mais signifiait mot à mot la même chose. Déjà nos lointains ancêtres comprenaient qu'on ne peut ni ne doit essayer de pousser les autres à ressentir, penser, aimer ou voir comme tout un chacun. De toute manière, il est quasiment impossible de faire changer l'opinion d'une personne et encore moins de modifier ses goûts. Nous devons accepter les différences des autres et leurs opinions, tant qu'elles ne

Des goûts et des couleurs, il ne faut pas discuter

nuisent pas à autrui, bien évidemment. Horace (65-8 av. J.-C.) disait : « *Autant de têtes autant d'avis différents* ». Voltaire était un peu plus dur dans son jugement puisqu'il expliqua en partie ce proverbe par cette assertion radicale : « *Il y a aussi des âmes froides, des esprits faux qu'on ne peut ni réchauffer ni redresser. C'est avec eux qu'il ne faut pas disputer des goûts parce qu'ils n'en ont point.* » La liberté de penser et les différentes idées ne nous font-elles pas avancer et réfléchir ? Ne font-elles pas aussi la richesse de l'humanité ? Antoine Houdar de la Motte (1672-1731) n'avait-il pas raison lorsqu'il écrivait : « *L'ennui naquit un jour de l'uniformité* » ?

En tout il faut considérer la fin

Il ne faut rien entreprendre sans évaluer le résultat.

Une personne sage n'entreprend aucune affaire sans avoir préalablement réfléchi sérieusement et évalué les conséquences probables ou possibles. Que de gens se perdent faute d'avoir pris une simple précaution et pour s'être engagés tête baissée dans des entreprises dont eux seuls n'aperçoivent ni les écueils ni les dangers ! Ils veulent alors revenir en arrière, mais il est trop tard ; ils subiront les conséquences de leur imprudence. On cite l'histoire d'un derviche qui rencontra un prince à la chasse. Ce derviche offrit de lui vendre un bon conseil au prix de cent pièces d'or ; le roi accepta le marché. « *N'entreprends rien sans avoir réfléchi mûrement à l'issue possible d'une entreprise.* » Les officiers, témoins de la scène, se mirent à rire trouvant vraiment trop cher payé un précepte si évident ; mais le prince ne vit pas ce conseil du même oeil et, constatant qu'on oubliait souvent ces paroles salutaires, il les fit écrire sur tous les murs de ses appartements.

Jean de La Fontaine, dans *Le Renard et le Bouc,* a merveilleusement illustré cette situation. Un renard et un bouc voyageaient ensemble. Assoifés, ils descendirent dans un puits où chacun d'eux se désaltéra ; mais il fallait sortir de là. Pour y parvenir le rusé Renard dit au Bouc de se dresser sur ses pattes de derrière et d'appuyer celles de devant contre le mur pour qu'il pût se servir de son dos et de ses cornes comme d'une échelle, après quoi il le tirerait de ce puits. Voici la fin de la fable :

Le renard sort du puits, laisse son compagnon / Et vous lui fait un beau sermon / Pour l'exhorter à la patience. / « Si le ciel t'eût, dit-il, donné par excellence. / Autant de jugement que de barbe au menton, / Tu n'aurais pas, à la légère, / Descendu dans ce puits. / Or, adieu, j'en suis hors ; / Tâche de t'en tirer et fais tous tes efforts, / Car, pour moi, j'ai certaine affaire / Qui ne me permet pas d'arrêter en chemin. / En toute chose il faut considérer la fin. »

Faire le bon apôtre

Cette locution proverbiale est une allusion à la trahison de Judas lorsqu'il livra Jésus en lui donnant un baiser afin que le Messie pût être reconnu par ses ennemis. On emploie cette expression pour désigner l'acte d'un individu qui, avec des paroles le plus souvent mielleuses, cherche à se faire valoir en montrant une probité qu'il n'a pas afin d'amener des personnes à partager ses vues.

Il n'y a pas à douter un seul instant que cette expression, toute faite pour les hypocrites et les traîtres, ne rappelle l'acte relaté par saint Matthieu, dans *L'Evangile*.

Gros-jean comme devant, Gros-Jean qui veut en remontrer à son curé

Se dit d'un ignorant qui veut en apprendre à un savant. Désigne également un homme qui ne possède rien.

Gros, voulant dire ici *grossier*, *Jean* représente un *homme qui n'est pas malin*. On raconte sur ce proverbe l'historiette suivante : « *Le curé au prêche parlait des miracles de Jésus-Christ et Gros-Jean écoutait. Arrivé au miracle des cinq pains, le curé se trompa, et dit que Jésus avait nourri cinq hommes, sans compter les femmes et les enfants, avec cinq mille petits pains. Gros-Jean trouva que ce n'était pas très difficile, et il en glosa dans le village en se moquant du curé, qui se promit une vengeance éclatante. Le dimanche suivant, l'abbé reprit le même sujet et, interpellant Gros-Jean, lui cria : « Tu entends, Gros-Jean, cinq mille hommes avec cinq petits pains : en ferais-tu autant ? - Pardi, oui, monsieur le curé, repartit Gros-Jean, avec les restes de dimanche dernier.* »

Gros-Jean sert aussi à désigner un homme qui ne possède rien, une personne démunie de tout. La Fontaine, dans *La Laitière et le pot au lait*, l'a ainsi employé :

> *On m'élit roi, un peuple m'aime ;*

Les diadèmes vont sur ma tête pleuvant,
Quelque accident fait-il que je rentre en moi-même,
Je suis Gros-Jean comme devant.

Il faut appeler
un chat un chat

IL FAUT NOMMER LES CHOSES PAR LEUR NOM.

C'est à Nicolas Boileau (1636-1711) que nous devons ce proverbe ! En effet, l'homme de lettres nous a légué des vers dont la simplicité et l'évidence furent adoptées par la sagesse populaire : « *J'appelle un chat un chat et Rolet un fripon.* » Pour mieux comprendre ce vers, nous devons bien évidemment révéler l'identité du Rolet dont il est question ici. Rolet était procureur au parlement de Paris. On l'avait surnommé *l'Âme damnée.* Son manque de probité n'était un secret pour personne jusque sur la place publique, si bien que le président du parlement, lorsqu'il voulait désigner un infâme fripon, disait *C'est un Rolet.* Après de nombreuses magouilles, il en fut une qui ne passa pas inaperçue. En 1681, notre homme de loi véreux fut condamné au bannissement pour neuf ans, à quatre mille livres de réparation et à d'autres amendes. Bien avant les malversations de Rolet, véritable source d'inspiration pour Boileau, les Grecs disaient : « *Il faut appeler une figue une figue et un bateau un bateau.* » En effet, à bien y réfléchir, c'est beaucoup plus simple pour se faire comprendre !

Il faut apprendre à obéir pour savoir commander

C'est en écoutant les gens plus expérimentés que l'on arrive à acquérir à son tour une expérience qui permette de diriger.

Dans les temps féodaux, les fils des seigneurs étaient initiés, dès leur jeunesse, à leur condition future en remplissant des rôles de pages auprès des princes. Louis XIV (1638-1715), dans ses *Mémoires*, écrivait cette sage leçon pour son fils : « *Si vous n'écoutez pas les ordres de ceux que j'ai proposés pour votre conduite, comment suivrez-vous les conseils de la raison quand vous serez le maître ?* » Fénelon (1651-1715), dans son *Télémaque,* résume en une phrase les conseils du Roi-soleil : « *Il faut obéir pour apprendre à commander* ».

Les Anciens aussi avaient émis certaines idées sur le sujet. Voici celle du philosophe Sénèque (vers 4 av. J.-C. - 65) : *Celui-là seul peut diriger les autres qui sait se diriger lui-même,* ou encore celle de Syrus (85 - 43 av. J.-C.) : *Il n'y a pas moins de gloire à savoir obéir qu'à savoir commander.*

C'est en la personne du tsar Pierre Ier (1672-1725) que l'on peut trouver un exemple réellement concret. La Russie étant en proie à la violence et la barbarie, Pierre le Grand, afin de civiliser son empire et ses sujets, partit durant deux années en Hollande pour y apprendre tout ce qui pourrait être utile à son pays, en partie la construction de navires, la Russie n'ayant pas de marine à l'époque. Pour parvenir à ses fins, il revêtit l'habit d'ouvrier et s'établit à Amsterdam dans le plus strict anonymat. Il se mit à la hache, à suivre les exemples des travailleurs et se fit inscrire comme ouvrier charpentier sous un pseudonyme. Il travailla deux ans sur les forges, dans les ateliers, les corderies et les scieries. Pierre le Grand avait eu le courage de renoncer aux privilèges liés à son rang et avait eu, pour progresser, la sagesse de s'abaisser à un statut beaucoup plus humble.

Il faut battre le fer tant qu'il est chaud

IL FAUT SAVOIR POURSUIVRE UNE AFFAIRE PENDANT QU'IL EN EST ENCORE TEMPS.

Ce proverbe est littéralement traduit du latin, car on lit dans un ouvrage du philosophe Sénèque les mots suivants : *Il faut battre le fer, tandis qu'il est encore rouge.*

Le fer ne pouvant être travaillé que lorsqu'il a été rougi au feu de la forge, l'ouvrier, en le retirant de la flamme, ne le laisse pas refroidir sans le frapper. On peut de ce fait tirer comme conclusion que l'homme déterminé ne doit pas laisser passer une occasion de mettre en oeuvre une décision bien arrêtée. Il faut en profiter aussitôt qu'elle surgit et tout faire pour réussir ce qu'on entreprend, car les choses ne se font bien et facilement que si on les exécute au bon moment. Au XIIIe siècle, on disait : *En dementres que li fer est chaus le doit l'en battre,* ce qui se traduit de cette façon : *On démontre que l'on doit battre le fer quand il est chaud.* Au XIVe siècle, on fit une inversion en disant : *Battre le fer il fault, tandis qu'il est bien chaut.* Enfin, au XVIe siècle, Rabelais (1494-1553) écrivait : *Cependant que le fer est chaud, il le faut battre.* Ce n'est que depuis le XVIIe

siècle qu'on dit qu'*il faut battre le fer pendant qu'il est chaud*. Autrement dit, NE REMETS PAS A DEMAIN CE QUE TU PEUX FAIRE LE JOUR-MÊME !

Il faut ménager la chèvre et le chou

SERVIR SES INTÉRÊTS EN MÉNAGEANT TOUS LES PARTIS.
POURVOIR À DEUX INCONVÉNIENTS CONTRAIRES.

À l'origine de ce proverbe sympathique, un problème proposé aux enfants afin de tester la vivacité de leur jeune esprit ! Saurez-vous, vous-même, trouver la solution pour à la fois *ménager la chèvre et le chou* ?

Un batelier veut faire traverser la rivière à un loup, à une chèvre qu'il rêve de voir sur la broche et à un chou qu'il souhaite mettre dans sa casserole, mais il ne peut prendre sur son embarcation qu'un passager à la fois. Lequel de ces trois protagonistes fera-t-il passer le premier sachant que si le loup reste avec la chèvre, il n'en fera qu'une bouchée et que, s'il laisse la chèvre et le chou, Biquette ne se privera pas du plaisir de croquer le légume ? Le batelier ne trouve pas de solution à ce problème et, quelle que soit celle qu'il imagine, il ne voit pas d'autre scénario que de sacrifier l'un d'entre eux. Et pourtant, il y a bien une façon pour les faire traverser et préserver les uns et les autres. Allez, je vous aide ?

Lors du premier voyage, le batelier prendra la chèvre seule, laissant le chou en compagnie du loup qui n'y touchera donc pas. Au second, il prendra le chou qu'il déposera tout en ayant pris soin de reprendre la chèvre. Après avoir reposé la chèvre sur la rive, il chargera le loup qui rejoindra donc le chou. Pour finir, il fera un dernier voyage pour aller rechercher la chèvre qui, demeurée seule, n'a couru aucun danger... A vouloir ménager tous les partis, on se prend un peu le chou ! De quoi devenir chèvre !

Il fait comme l'anguille de Melun : il crie avant qu'on l'écorche

S'APPLIQUE À UNE PERSONNE QUI S'EFFRAIE SANS RAISON, QUI SE PLAINT AVANT D'AVOIR MAL.

Il y avait dans la ville de Melun un jeune homme nommé Languille qui, dans un des mystères - pièces religieuses que l'on jouait autrefois sur la place publique - représentait le personnage de saint Barthélémy. Soit qu'il jouât ce rôle pour la première fois, soit qu'il fût pris tout à coup de terreur au moment où le personnage de l'exécuteur s'approcha de lui, le couteau à la main pour faire semblant de l'écorcher, le pauvre garçon se mit à crier avant même d'être touché ; ce qui donna sujet depuis au proverbe : *Il fait comme l'anguille de Melun : il crie avant qu'on l'écorche*. L'usage transforma le nom propre de notre froussard en celui du poisson...

Il n'y a pas de fumée sans feu

CHAQUE CAUSE A SON EFFET ; LES BRUITS QUI COURENT ONT TOUJOURS UN FONDEMENT.

Nos ancêtres romains disaient déjà la même chose, sous une autre forme : *Un bruit public n'est pas tout à fait sans fondement,* tandis que leurs descendants, nos amis de la botte italienne, affirment une idée tout à fait similaire : *On ne crie jamais au loup sans qu'il soit dans le pays.* Il n'y a pas d'effet sans cause malgré le mal que l'on se donne pour la cacher !

Il n'y a pas de sot métier

UN MÉTIER, QUEL QU'IL SOIT, NE MET PAS SEULEMENT À L'ABRI DU BESOIN, MAIS IL ÉVITE AUSSI DE TOMBER DANS LE VICE.

« Qui a métier a rente », disait un proverbe ancien. L'histoire antique nous a légué divers exemples appuyant cette affirmation. Lorsque le tyran Denys, né au IVᵉ siècle, fut chassé de Syracuse, il se réfugia à Corinthe où, pour se protéger de la misère, il ouvrit une école qui le fit vivre. Autre exemple : un Athénien, nommé Cléanthe et passionné de sciences, était venu et pria le philosophe Zénon de Cition (335-263 av. J.-C.) de l'accepter dans son école où il finit par passer toutes ses journées à l'écouter. Mais comme les nourritures spirituelles ne suffisaient pas à le faire vivre, notre étudiant, pour ne rien rater de l'enseignement de son maître, prit des emplois de nuit. Il travaillait pour un jardinier pour lequel il allait puiser l'eau, puis pour une boulangère chez laquelle il pétrissait le pain. Malgré l'épuisement, conséquence inévitable de ce rythme infernal, et ses petits revenus, Cléanthe devint un homme costaud et prit même du poids. Comme la loi d'Athènes ordonnait alors à tous les citoyens d'exercer un métier, on s'étonnait de voir un homme tel que Cléanthe ressembler à un homme qui ne meurt pas de faim. On conclut donc que notre élève gagnait de l'argent de manière totalement illégale et on le fit paraître devant des juges. Pour sa défense, Cléanthe fit citer, comme témoins de son honnêteté, le jardinier et la boulangère. On abandonna les poursuites et, face à son courage, on voulut même lui donner de l'argent, qu'il refusa. Un autre proverbe affirme en effet qu'IL N'Y A PAS DE SI PETIT METIER QUI NE NOURRISSE SON MAÎTRE.

Il n'y a pas de sots metiers

Bien plus tard, pendant l'émigration de 1793, en pleine Terreur, les membres de la noblesse française, réduits à s'exiler à l'étranger, durent renoncer à leurs privilèges et se mettre à vivre du travail de leurs mains. Louis-Philippe I^r, roi de France de 1830 à 1848, vécut en Suisse et donna des leçons de mathématiques pour gagner sa vie. Un proverbe oriental affirmait à juste titre qu' « *un cordonnier en courant le monde peut toujours écarter de lui la misère, mais un roi, hors de son royaume, peut se voir exposé à mourir de faim.* »

Quels que soient leur rang et leurs moyens, il serait toujours nécessaire aux parents d'inciter leurs enfants à avoir un métier ou apprendre un travail manuel car, où que l'on soit, peu importent l'époque et les temps vécus, on peut vivre partout si l'on sait se servir de ses mains. Le *Talmud* confirme la chose assez sévèrement : « *Tout homme qui ne donne pas une profession à ses enfants les prépare à une mauvaise vie* ». Ne culpabilisons pas ! Malgré les efforts des parents et leur implication dans l'éducation de leur progéniture, cette politique peut malheureusement échouer. N'oublions pas que « MAUVAISE HERBE CROÎT TOUJOURS » !

Il ne faut pas dire : fontaine, je ne boirai pas de ton eau

IL NE FAUT PAS AFFIRMER QU'ON NE FERA JAMAIS UNE CHOSE.

C'est à l'aventure d'un ivrogne, qui avait juré qu'il ne boirait jamais d'eau et qui se noya dans le bassin d'une fontaine, que ce proverbe fait allusion. On le cite comme un conseil donné à quiconque ne veut prendre part à certaines pratiques ni fréquenter des gens qui lui sont antipathiques. On cherche alors à lui faire comprendre qu'il ne doit pas camper sur ses positions : peut-être aura-t-il besoin un jour de se tourner vers ces personnes dont il avait résolu de se tenir éloigné.

L'Arioste, célèbre poète italien du XVe siècle, rapporta l'histoire de l'ivrogne.

> *« Il fuyait l'eau comme le poison et le sang de la vipère,*
> *Autant qu'il est possible de les fuir.*
> *Cependant il y laissa la vie et sa plus grande douleur*
> *Fut de sentir qu'il mourait dans l'eau. »*

La morale à tirer de ce proverbe peut se

résumer ainsi : on ne peut affirmer qu'on gardera toute sa vie les mêmes opinions. On ne doit, par conséquent, tracer trop à l'avance une ligne de conduite de laquelle on s'engagerait à ne pas dévier. Les aléas de l'existence nous contraignent souvent à faire des choses qu'on s'était juré, dans le passé, de ne jamais faire.

Il ne faut pas juger une chose sur l'étiquette du sac

C'EST JUGER UNE AFFAIRE SUR LES APPARENCES OU D'APRÈS CERTAINS PROPOS DONT ON N'EXAMINE PAS LA VALEUR.

Ce proverbe est né dans les cours de justice d'autrefois où les procédures étaient écrites en latin et où les hommes de loi avaient pour habitude de conserver dans un sac les papiers et les documents relatifs à l'affaire jugée.

Sur ce sac était accrochée une étiquette sur laquelle on écrivait le nom des parties. Elle indiquait aussi le contenu, sans rien en détailler bien sûr. C'était donc commettre une légèreté que de borner sa lecture à cette étiquette pour juger le contenu du sac.

Ces inscriptions variaient dans leur teneur, ainsi écrivait-on sur les étiquettes : *Est hic quaestio inter X. et Y.*, ce qui signifiait : *Là est l'affaire entre X. et Y.* . Puis, on abrégea quelquefois en inscrivant : *Est hic quaest*, plus concis ; enfin, on a dit par corruption : *Et hic quet* et de là, l'origine du mot *étiquette* !

Que de gens, pour les choses les plus ordinaires, ne jugent jusqu'aux affaires les plus sérieuses et les plus graves que sur de simples indications.

Il ne faut pas mettre tous ses oeufs dans le même panier.

IL NE FAUT PAS METTRE TOUS SES BIENS AU MÊME ENDROIT.

Ni tout son argent dans le même coffre, ni toutes ses marchandises dans la même caisse, ni toutes ses bonnes idées dans le même projet... Et vous allez comprendre, grâce à un poète qui ne marche pas sur des œufs, le pourquoi de la chose ! Edme Boursaut (1638-1701) fit à ce sujet cette petite fable, *Les Oeufs et le panier* :

> *Un homme avait des œufs et voulait s'en défaire.*
> *Pour ne pas à la foire arriver des derniers,*
> *Quoiqu'il pût en remplir trois ou quatre paniers,*
> *Il mit tout en un seul, et ne pouvait pis faire.*
> *Sa mule, qui suait sous le poids d'un fardeau*
> *Fragile comme du verre,*
> *Pour en décharger sa peau,*
> *A quatre pas de là donna du nez en terre.*
> *Hélas ! s'écria l'homme, à qui le désespoir*
> *Inspira de vains préambules,*
> *Que n'ai-je mis mes œufs sur trois ou quatre mules !*
> *Je mérite un malheur que je devais prévoir.*
> *Si le ciel veut me permettre*
> *De faire encor le métier,*
> *Je jure de ne plus mettre*
> *Tous mes œufs dans un panier.*

Ne comprenons-nous pas mieux l'importance de suivre le conseil délivré par notre proverbe afin de ne pas nous retrouver GROS-JEAN COMME DEVANT ?

Il ne faut pas vendre la peau de l'ours avant de l'avoir tué

NE PAS SE REJOUIR TROP TÔT D'UN SUCCÈS INCERTAIN, NI DISPOSER D'UNE CHOSE AVANT DE LA POSSÉDER.

Quelle sage recommandation, n'est-ce pas, que celle de ne pas compter sur le résultat d'une affaire avant que celle-ci ne soit conclue ? Nos amis turcs possèdent un proverbe tout à fait semblable : « *On ne vend pas le poisson qui est encore dans la mer.* » L'empereur Frédéric III mit ce proverbe en application lorsque le duc de Bourgogne lui proposa de partager les états de Louis XI (1423-1483) dont la conquête n'était encore qu'un simple projet. Que de gens prennent des engagements au-dessus de leurs moyens et n'en retirent que du ridicule, comme les deux chasseurs de La Fontaine. C'est cette fable, *L'Ours et les deux compagnons*, qui rendit notre proverbe célèbre. Voici les premiers vers :

> *Deux compagnons pressés d'argent*
> *A leur fourreur voisin vendirent*
> *La peau d'un ours encore vivant.*

Mais qu'ils tueraient bientôt. Voilà ce que les deux hommes promirent. Pour accomplir leur tâche, ils se rendirent dans la forêt ; mais leur courage fut vite émoussé. Saisis de peur à l'approche de la bête, l'un grimpa au sommet d'un arbre tandis que l'autre se coucha par terre et fit le mort. L'ours arriva lentement et, voyant ce corps étendu, le flaira : « *C'est*, dit-il, *un cadavre, ôtons-nous, car il sent.* » Puis, il s'en retourna dans la forêt. Celui des deux compagnons qui était dans l'arbre en descendit et s'adressa à son camarade : « *Mais que t'a-t-il dit à l'oreille ?* » - « *Il m'a dit qu'il ne faut jamais vendre la peau de l'ours qu'on ne l'ait mis par terre.* » Si la légende est délicieuse, cet apologue de La Fontaine a été tiré des *Mémoires* de Philippe de Commines, historien du XVe siècle.

Il y a anguille sous roche

SE DIT QUAND ON SOUPÇONNE QU'IL Y A QUELQUE CHOSE DE CACHÉ ET DE DANGEREUX DONT IL FAUT SE MÉFIER..

Inspiré du vieux proverbe grec « *le scorpion dort sous la pierre* », notre célèbre proverbe, bien qu'il en a conservé l'allure, n'est plus usité au sens où il l'était autrefois. En effet, le mot *anguille*, du latin *anguilla*, dont la racine est *anguis*, signifiait autrefois *serpent*. On aurait dû continuer à dire « *il y a serpent sous roche* », comme nos ancêtres latins : « *latet anguis in herba* », autrement dit, « *le serpent est caché sous l'herbe* ». En revanche, les couleuvres sont encore appelées, dans certaines régions, anguilles de haie.

Jamais grand nez n'a déparé beau visage

CE PROVERBE SIGNIFIE QU'UN PETIT DÉFAUT NE COMPROMET PAS LA BEAUTÉ D'UN ENSEMBLE.

Cyrano de Bergerac aurait-il été d'accord avec cette affirmation ? Le héros d'Edmond Rostand nous a légué une tirade inoubliable sur cet appendice qui lui servait de nez... Bien sûr, nous avons tous des défauts physiques. Et ce sont ceux-là qui nous gâchent parfois la vie. Nous n'aimons pas notre nez, n'apprécions pas la forme de notre bouche ; nous trouvons que nous avons les yeux trop petits ou les dents trop écartées ; nous faisons mille et un efforts pour mettre en avant une poitrine inexistante ou pour cacher une calvitie

Jamais grand nez n'a déparé beau visage

naissante... Nous imaginons que ce défaut, sur lequel nous focalisons, est visible de tous et gâche l'ensemble de notre apparence. Et pourtant, à ce moment-là, il n'y a que nous qui le voyons. La personne qui nous aime ne verra pas ce défaut. Elle ne portera pas son regard sur notre nez ou autre, mais nous verra dans notre ensemble. Rassurons-nous, L'AMOUR REND AVEUGLE !

L'amour rend aveugle

ON NE VOIT PAS LES DÉFAUTS DE LA PERSONNE AIMÉE.

Quel amoureux oserait affirmer qu'il est en pleine possession de sa raison ? Sous l'emprise de l'amour, on n'aperçoit généralement pas les défauts des personnes que l'on aime, et l'on prend même parfois ces défauts pour des qualités ! Plus l'illusion - effet secondaire inévitable des sentiments - est grande, plus le degré d'amour est important et plus la vue baisse. Le cœur n'a t-il pas ses raisons que la raison ignore ? Quelque comique n'a-t-il pas osé avancer que si *l'amour rend aveugle, le mariage lui rend la vue* ?

L'appétit vient en mangeant

C'est la réponse que fit Amyot à Henri III (1551-1589) - certains pensent qu'il s'agissait de Charles IX - alors que le roi témoignait sa surprise de ce que le curé qui avait semblé borner son ambition à un petit bénéfice lui demandait ensuite un gros évêché. Chez les Grecs, on disait : « *La besace du mendiant n'est jamais pleine* ». On peut l'appliquer à ces importuns qui épuisent leurs amis par des demandes continuelles ou à ces hommes fortunés qui sont dépendants d'une passion que rien ne peut assouvir. La nature humaine est ainsi faite : nous n'en avons jamais assez. Plus on en a, plus on en veut... N'oublions pas, LA GOURMANDISE EST UN VILAIN DÉFAUT.

L'appétit vient en mangeant.

L'argent n'a pas d'odeur

L'ARGENT NE PORTE PAS LA TRACE DE SA PROVENANCE,
ON N'A DONC PAS À S'EN SOUCIER : L'ARGENT EST TOUJOURS
BON À PRENDRE.

Il est tentant d'attribuer ce proverbe à Juvénal (55-130), poète satirique latin. Dans son recueil *Satires*, il écrit en effet ce vers : « *L'odeur du profit est toujours bonne, d'où qu'il vienne* ». Il est généralement admis que, dans cette satire, Juvénal critique l'empereur romain Vespasien (9-79) pour avoir instauré un impôt sur l'urine, d'où le nom donné aux toilettes publiques, *les vespasiennes* ! Raoul, traducteur de Juvénal, raconte que le proverbe aurait été la réponse que l'empereur fit à son fils Titus qui trouvait sale et déshonorant de taxer la miction des sujets. Vespasien aurait-t-il dit *pecunia non olet*, « *l'argent n'a pas d'odeur* » ? La langue créole a une formule délicieuse pour dire qu'il ne faut pas se soucier de la provenance de l'argent : « *Celui qui mange les œufs ne sait pas si la poule a mal au derrière* ». Quelque chose à ajouter ?

L'habit ne fait pas le moine

IL NE FAUT PAS SE FIER AUX APPARENCES
IL NE FAUT PAS SE RAPPORTER AUX APPARENCES EXTÉRIEURES
POUR JUGER UNE PERSONNE.

Le sens est exact car il ne suffit pas qu'un homme porte un habit monastique pour qu'il soit réellement moine. Cet adage nous vient du Moyen-âge. Dès le XIe siècle, certaines dignités ecclésiastiques pouvaient être attribuées aux moines. Ces dignités étaient celles de chanoines, d'abbés, de prieurs d'un couvent, auxquelles était attaché un certain revenu, appelé bénéfice.

Plus tard, on se demanda si, pour les obtenir, il suffisait d'avoir pris le froc dans un monastère sans avoir prononcé les vœux imposés à tout religieux. Il fut décidé que ce qui faisait le moine, ce n'était pas l'habit, mais l'acte d'avoir prononcé des vœux définitifs.

Esope (VIIe - VIe siècle av. J.-C.) émettait ces paroles pleines de bon sens : *Il ne faut pas juger la liqueur d'après le vase*, c'est-à-dire l'intelligence d'après la laideur du corps. Quant aux Romains, ils avançaient que *la barbe ne fait pas le philosophe*, comme d'autres que *le bonnet ne fait pas le docteur,* ni *la robe le magistrat.* On a la preuve que ce proverbe est très ancien, puisqu'on le retrouve au XIIIe siècle dans *Le roman de la Rose.* Un autre proverbe avance que « TOUT CE QUI BRILLE N'EST PAS OR ».

L'occasion fait le larron

FAIRE LE MAL, NON PAR PENCHANT, MAIS PAR OCCASION.

Il n'est que trop vrai qu'il faut éviter toute tentation qui doit mener à notre chute. Adam et Eve pourraient aujourd'hui en témoigner ! Plus les occasions de mal faire sont nombreuses, plus la facilité de s'adonner au vice est grande, plus la tentation est forte. Il faut avoir une sagesse et une vertu bien assises pour résister à la tentation de voler lorsqu'on est aux prises avec la misère, et surtout quand on peut le faire sans témoin. Ce proverbe, traduction parfaite de celui des Latins, « *l'occasion fait le voleur* », se rapproche fortement de celui des Espagnols : « *Maison ouverte fait même pêcher le juste* » ! Quelle que fût la période, nous sommes tout autant coupables d'encourager qui que ce soit à faire le mal. Gardons-nous de tenter le diable... Quelque peu désuet,

L'occasion fait le larron

L'occasion fait le larron

larron tire son origine du latin et signifie *brigand* ou encore *voleur*. Ce mot apparaît à la moitié du XVIᵉ siècle et, depuis sa naissance, ce proverbe est synonyme d'un acte délictueux réprouvé par la morale. Pourtant, il ne faut pas trop noircir le tableau ! En effet, le larron de notre proverbe est, de fait, malhonnête et opportuniste, l'occasion qu'il saisit n'étant jamais préméditée. Disons que notre homme a l'art de profiter des circonstances pour servir ses propres intérêts. Mais notre voleur est un personnage facilement excusable car il n'a pu résister à la tentation ni à la chance qui lui étaient offertes. En revanche, attention, ne faisons surtout pas de ce proverbe une généralité et tournons-nous vers cet autre, tout à fait juste : « Pauvreté n'est pas vice », contrairement à l'oisiveté.

L'oisiveté est la mère de tous les vices

Ne pas travailler entraîne des débordements.

Si *l'oisiveté est la mère de tous les vices*, on pourrait donc dire que le travail est le père de toutes les vertus, ce qu'affirmait Hésiode, poète grec du VIIIe siècle av. J.-C., en écrivant : « *Le travail est la sentinelle de la vertu* ». Caton l'Ancien (234-149 av. J.-C.) disait qu'*en rien faisant on apprend à mal faire,* confirmé par un passage de *L'Ecclésiastique* : « *L'oisiveté a toujours enseigné beaucoup de mal.* »

Horace n'était pas plus indulgent et pointait du doigt l'oisiveté, « *dangereuse sirène qu'il faut éviter* ». De tout temps, elle a eu mauvaise presse ! Un ancien proverbe français la blâmait tout autant : *En chômant on apprend à mal faire.* Mais si un de nos auteurs ne fut pas tendre avec elle, c'est bien Raoul de Presle qui, au XIVe siècle, vilipendait le ne-rien-faire : « *Ociosité* (oisivété), *sans lettres ni sciences, est sépulture d'homme vif* », entendez vivant ! Plus légère la jolie formule des Italiens et des Allemands qui ont baptisé l'oisiveté, *l'oreiller du diable* !

Effectivement, l'homme oisif a le temps d'avoir tous les vices, tandis que celui qui s'adonne au travail n'a pas à craindre leur influence. Il n'y a pas de vérité plus juste ; on ne doit pas l'oublier.

La critique est aisée, l'art est difficile

Il est plus facile de critiquer les autres que de faire mieux qu'eux.

Voici un proverbe tiré d'un vers du *Glorieux*, écrit par un auteur comique du XVIIIe nommé Destouches. Exprimant une vérité très juste, ce vers est donc passé à l'état de proverbe. Il est courant de voir des esprits malveillants et perfides mettre en avant les imperfections et les défauts des autres ou de leurs œuvres. D'ailleurs, peut-être en avez-vous été parfois la cible ? Critiquer et blâmer est aisé ; faire bien est difficile. Nous pourrions rapprocher ce proverbe de celui-ci : « *Bien dire fait rire, bien faire fait taire* » ! Nos ancêtres Grecs disaient tout aussi justement : « *Blâmer est plus facile que d'imiter* ». Mais n'oublions pas que si *la critique est aisée*, elle n'est pas pour autant fausse ! Elle se doit, en revanche, d'être fondée et constructive pour permettre à sa « victime » de progresser ! « *Sans la liberté de blâmer, il n'est point d'éloges flatteurs* », affirmait Beaumarchais.

La fin justifie les moyens

TOUS LES MOYENS SONT BONS POUR RÉUSSIR.

Notre proverbe est le fondement de la politique de Machiavel (1469-1527) ! Peu importe le chemin emprunté pourvu qu'il nous mène à l'endroit que l'on veut atteindre... Dans tous les lieux de pouvoir, la fourberie, la ruse, la mauvaise foi, le double jeu et parfois même la traîtrise, sont des vertus essentielles pour réussir. Le terme machiavélique ne prend-il pas tout à coup tout son sens ? Notre stratège politique du XVe siècle ne nie pas que pour arriver à ses fins, on doit être toujours prêt à faire tout autant le bien que le mal. Ce proverbe des ambitieux encourage à pratiquer le bien tant qu'il ne nuit pas à nos intérêts, mais à ne pas hésiter à faire le mal lorsque la situation l'exige...

La mauvaise herbe croît toujours

Se dit d'un enfant au mauvais caractère et dont la croissance est rapide.

Si le terme « *mauvaise herbe* » pour parler de « *mauvais sujet* » remonte au XVe siècle et que le proverbe est déjà employé au XIIIe siècle - nous le retrouvons dans les vers du poète Jean de Meun : « *Mauvaise herbe croît trop vite comme dit le proverbe* » -, c'est notre cher Molière (1622-1673) qui le fit passer à la postérité dès le XVIIe siècle !

« *Vous voyez qu'elle est grande ; mais mauvaise herbe croît toujours* » (*L'Avare*, III, 6). En effet, c'est cette réplique tout droit sortie de la bouche du célèbre Harpagon, pingre de son état, mais non avare en critiques, qui rendit ce proverbe célèbre. Faisant allusion aux herbes dont la croissance trop rapide nuit au développement des plantes plus utiles, cette affirmation se rapproche fortement d'une autre expression : « *C'est de la mauvaise graine !* ». Autrement dit, l'utilité et les qualités d'une personne ne vont pas forcément de paire avec la croissance ou l'âge...

La mauvaise herbe croît toujours

H. Gerbault

La nuit porte conseil

Il faut réfléchir avant d'entreprendre une affaire et ne pas se précipiter.

Ce proverbe, tiré du latin *in nocte consilium*, met à l'honneur le temps de la réflexion : prendre le temps et ne pas se précipiter pour donner le moindre avis... Rien n'est plus salutaire pour la suite que d'attendre le lendemain pour prendre une décision. De même que l'on nous recommande vivement de « *tourner sept fois notre langue avant de parler...* » Si *la nuit porte conseil* elle peut aussi nous apporter tout autre chose. Ne dit-on pas que LE BIEN VIENT EN DORMANT ?

Le bien vient en dormant

Se dit d'une personne qui devient riche sans rien faire.

On a prétendu que ce proverbe fut inventé par Louis XI. Un jour que le roi se promenait entouré de courtisans qui le harcelaient pour obtenir une charge vacante, les uns pour eux-mêmes, les autres pour un parent, le roi aperçut un simple prêtre qui dormait, insouciant des biens de ce monde.

« *Vous m'ennuyez,* dit-il aux sollicitateurs. *Afin que ce pauvre ecclésiastique puisse un jour se vanter que le bien lui est venu en dormant, je lui donne le premier bénéfice vacant.* » On annonça au clerc sa bonne fortune, et il se trouva que, s'étant endormi avec son livre de patenôtres, il s'était réveillé avec dix mille livres de rentes. Mais ne nous laissons pas abuser par cette charmante histoire.

Ce proverbe était déjà en usage chez les anciens. Cicéron (106-43 av. J.-C.) en témoigne d'ailleurs dans ses écrits : « *Je n'ai pas le même privilège que ces nobles, à qui toutes les faveurs du peuple romain viennent en dormant.* » Il ne faut pas trop compter sur ce proverbe, ni se reposer de l'avenir sur l'avenir lui-même. Le travail est la seule voie menant à la réussite et à la fortune, et c'est ce que dit d'ailleurs sagement un autre proverbe : NE TE FIE QU'À TOI-MÊME.

Les absents ont toujours tort

C'EST-À-DIRE QU'ON LES OUBLIE OU QUE, SI L'ON SE PRÉOCCUPE D'EUX, C'EST SOUVENT À LEUR DÉSAVANTAGE.

« **P**oint d'héritage pour l'absent ! » Voici l'ancêtre latin de notre proverbe actuel et d'un autre désormais oublié : « *Les os sont pour les absents* », sous-entendu que celui qui n'est pas autour de la table du partage pour faire valoir ses droits n'obtiendra que des miettes. Employé fréquemment pour signifier que l'on rejette la faute sur les absents et que l'on parle d'eux sans ménagement, notre proverbe est de ceux que l'on prononce le plus souvent ! Ne dit-on pas d'ailleurs que celui dont on parle doit avoir les oreilles qui sifflent ?

Mais il y a une autre catégorie d'absents, moins bien perçue et qu'on n'épargne guère ! Ces absents-là sont ceux qui devraient être présents, mais qui ont l'indélicatesse de se faire attendre. C'est alors que les défauts de nos retardataires arrivent sans tarder au cœur de la discussion. Nos voisins espagnols expriment cette idée dans ce proverbe : « *On compte les défauts de celui qu'on attend* ». Que voulez-vous, il faut bien passer le temps !

Les petits présents entretiennent l'amitié

NUL BESOIN D'EN FAIRE TROP AVEC SES AMIS ; DE PETITES ATTENTIONS SUFFISENT POUR PROUVER SON AMITIÉ.

Montesquieu a fait de ce proverbe un mot piquant. Il se disputait sur un fait avec un conseiller du parlement de Bordeaux. Celui-ci, après plusieurs arguments amenés avec fougue et passion, dit à Montesquieu : « *Monsieur le président, si cela n'est pas comme je vous le dis, je vous donne ma tête* ». « *Je l'accepte,* répondit avec une froide ironie l'écrivain ; *les petits présents entretiennent l'amitié.* »

Loin des yeux, loin du coeur

L'ABSENCE ET LA DISTANCE NUISENT À L'AMITIÉ ET À L'AMOUR.

De tout temps on a cru que l'absence nuisait à l'amitié, et pourtant l'amitié ne connaît pas de distance puisqu'elle peut se ressentir d'un bout du monde à l'autre. On a donc tort d'avancer qu'un sentiment aussi doux et serein que l'amitié souffre de la séparation et de la distance. Selon les Hébreux, *un ami présent vaut mieux qu'un frère absent.* Pour les Grecs de l'antiquité, *les amis éloignés ne sont plus des amis,* ce que les Latins ont exprimé ainsi : *Il n'y a pas d'ami s'il est loin.* Si « *l'amitié est aussi nécessaire que l'eau et le feu* », Properce, auteur latin, affirma qu'elle « *est loin quand elle échappe aux regards.* »

Montaigne (1533-1592), au contraire, prétend qu'on jouit moins d'un ami présent que de celui qui est éloigné. Cela peut se comprendre ainsi. L'absence d'un ami n'est pas précisément une absence puisqu'on a la possibilité, surtout à notre époque, de correspondre avec lui. De plus, la distance évite les désaccords que peuvent engendrer les sautes d'humeur ou les divergences d'opinion. Ne reste alors que le principal, la sève de cette relation : les sentiments. Ce qui a fait dire : *Quelquefois on s'aime plus de loin que de près.*

Mieux vaut s'adresser au bon Dieu qu'à ses saints

*SI VOUS VOULEZ OBTENIR DE QUELQU'UN CERTAINS AVANTAGES,
DEMANDEZ-LE-LUI DIRECTEMENT PLUTÔT QUE DE VOUS
ADRESSER À UN INTERMÉDIAIRE.*

Ce proverbe semble faire allusion aux invocations adressées aux saints que l'on voyait autrefois comme les intercesseurs de choix auprès du Très-haut. Mais de même qu'il vaut mieux recourir directement à Dieu dans ses prières, ainsi vaut-il mieux faire entendre ses doléances au chef du pouvoir plutôt qu'à ses subordonnés ; les demandes sont plus rapidement obtenues. Au XVe siècle, on disait déjà : *Il vaut mieux Dieu prier que ses saints.*

Voltaire voyait l'origine de ce proverbe dans un conte assez étrange. Il y avait autrefois un roi d'Espagne qui avait promis de distribuer des aumônes considérables à tous les habitants voisins de la ville de Burgos, ruinés par la guerre. Ils vinrent aux portes du palais, mais les gardes ne voulurent les laisser passer qu'à la condition qu'ils partageraient avec eux. Celui qui se présenta le premier au roi lui dit en se jetant à ses pieds : « *Grand roi, je supplie votre Altesse de faire donner à chacun de nous cent coups d'étrivières.* » Le roi, étonné qu'on lui formulât pareille demande, interrogea l'homme.

- « *C'est que vos gens,* dit le solliciteur, *veulent avoir absolument la moitié de ce que vous nous donnerez.* »

Le roi rit beaucoup et lui fit un présent considérable. C'est donc de là que viendrait ce proverbe : « *Il vaut mieux s'adresser au bon Dieu qu'à ses saints.* »

Mieux vaut tard que jamais

Même dans l'éventualité où une chose pouvait (ou devait) être faite plus tôt, ne pas la faire est pire.

Excuse souvent utilisée lorsqu'on arrive en retard à un rendez-vous, ce proverbe viendrait de Denis d'Halicarnasse, historien né en Grèce vers 60 av. J.-C, et qui, contemporain de Jules César et d'Auguste, vécut longtemps à Rome.

Dans son livre *Antiquité romaine* qui relate l'histoire de Rome depuis les temps mythologiques, il écrit : « *Mieux vaut tarder que n'arriver jamais.* » Si ce proverbe fit le chemin qu'on lui connaît en France, il fut aussi, dès le

XVIIIᵉ siècle, très célèbre en Angleterre, ce qui donna lieu à la farce *Mieux vaut tard que jamais*, écrite par Miles Peter Andrews. Et Lord Byron, écrivain britannique décédé en 1824, d'y faire référence dans une de ses lettres : « *Better late than never, pal* ». *Mieux vaut tard que jamais* , mais il ne faut tout de même pas exagérer. Comme le dit une sentence tout aussi célèbre : L'EXACTITUDE EST LA POLITESSE DES ROIS...

Nul n'est prophète en son pays

IL EST PLUS DIFFICILE D'ÊTRE APPRÉCIÉ OU RECONNU CHEZ SOI QU'À L'ÉTRANGER. LES TALENTS DE QUELQU'UN NE SONT JAMAIS ASSEZ ESTIMÉS PAR LES SIENS.

Cette locution proverbiale se trouve dans les quatre Evangiles. Alors qu'il était retourné à Nazareth, ville où il avait grandi, Jésus fut l'objet de sarcasmes et de moqueries de la part des habitants, de ceux qui l'avaient connu comme le simple fils d'un charpentier et qui ne pouvaient l'imaginer en Messie, fils de Dieu. Jésus, face à leur scepticisme, leur répondit qu'« *un prophète n'est méprisé que dans son pays, sa famille et sa propre maison.* » En effet, on doute souvent des mérites d'un homme avec lequel on vit et que l'on voit tous les jours. En revanche, un homme qui vient d'une autre région ou d'un autre pays semble plus apte à remplir le rôle de prophète et d'imposer ses opinions à la foule.

On a souvent besoin d'un plus petit que soi

Il ne faut pas négliger l'aide d'où qu'elle vienne.

Encore un de nos proverbes emprunté à notre grand fabuliste ! Nul n'ignore cette fable, intitulée *Le Lion et le Rat*, dans laquelle le poète met en scène un rat qui sort de terre entre les pattes d'un lion. Celui-ci n'y prête pas attention et, magnanime, décide de lui laisser la vie sauve. Cette bonne action ne fut pas vaine puisqu'un jour, le lion est pris dans des filets. Il a beau rugir, rien n'y fait. Mais le rat, reconnaissant, accourt au secours du fauve et ronge les mailles du filet

On a souvent besoin d'un plus petit que soi.

pour libérer le lion. C'est un précepte fort sage que La Fontaine a ainsi mis en avant :

Il faut, autant qu'on peut, obliger tout le monde ;
On a souvent besoin d'un plus petit que soi.

En effet, comme l'a confirmé si justement un autre de nos proverbes : « UN PEU D'AIDE FAIT GRAND BIEN ». Ne sous-estimons jamais l'aide d'où qu'elle vienne !

On chante tant Noël qu'il vient

UNE CHOSE LONGTEMPS ATTENDUE ARRIVE ENFIN...

Ce proverbe est né de l'usage que l'on avait de chanter Noël longtemps avant qu'il arrivât. « *Noël, Noël* » était le refrain qui s'élevait des églises. On chantait en chœur des cantiques qui annonçaient la naissance de Jésus. Puis, sur ces mêmes airs, les chants religieux furent remplacés par les paroles païennes. Les Noël, chants annonciateurs de la fête, étaient nés.

Petit à petit l'oiseau fait son nid

Ce n'est que par des efforts répétés que l'on parvient à terminer ce que l'on a entrepris.

Le nid de l'oiseau se fait avec des brindilles et des fines branches entrelacées que notre ouvrier à plumes apporte petit à petit ; ce délicat cocon qui abritera la couvée se fait bien lentement, mais, coûte que coûte, il arrive toujours à sa fin. Par comparaison, on voit, à force de temps, par des efforts soutenus, par une persévérance à toute épreuve et souvent par un vrai souci d'économie, de grandes fortunes surgir. Les petits ruisseaux ne font-ils pas les grandes rivières ? Nombreux pourraient être les exemples prouvant qu'avec du temps, de la détermination et la patience, on vient à bout de tout. La Fontaine a écrit :

« Patience et longueur de temps

Font plus que force ni que rage. »

Pierre qui roule n'amasse pas mousse

La stabilité est une condition et une garantie de succès.

Proverbe ô combien connu que celui-ci ! Et pourtant, ce vieil adage populaire, encore couramment utilisé aujourd'hui, remonte à la nuit des temps... On le trouve d'abord chez les Grecs de l'antiquité sous la forme de dicton, puis dans la langue latine sous la forme suivante : *La pierre roulée ne se recouvre pas de mousse.* De ce proverbe antique naquit celui qu'on entendait au XVIᵉ siècle : « *Pierre souvent remuée n'est vellée (recouverte).* » Martial (40-104), poète latin, exprima cette pensée sous une autre forme : « *Celui qui habite partout n'habite nulle part* », dont le sens se retrouvait dans un proverbe analogue : « *Arbre transplanté souvent n'a jamais fruit abondant.* »

Mais que faut-il entendre par là ? Ce proverbe s'adresse aux êtres inconstants et instables qui abandonnent une occupation pour courir après une autre et qui, non seulement, n'acquièrent aucune expérience, mais perdent peu à peu la capacité de se fixer à un travail ou de s'établir sérieusement à un endroit. Devons-nous leur jeter la pierre ?

Plus fait douceur que violence

LA MANIÈRE DOUCE FAIT BIEN PLUS QUE L'AGRESSIVITÉ OU LA VIOLENCE.

Autrement dit, « ON PREND PLUS DE MOUCHES AVEC DU MIEL QU'AVEC DU VINAIGRE » ! Oui, en effet, l'usage de la modération et de la douceur est la voie la plus sûre pour être entendu. Aussi douce soit la réprimande, elle a toujours quelque chose d'humiliant pour celui qui la reçoit, et à plus forte raison si elle est accompagnée de sévérité. Pour qu'elle soit bénéfique, il faut donner à la correction une enveloppe de douceur, ce qui en fera donc une remontrance ! Qui n'a jamais été révolté par la rigidité et la brusquerie de certains supérieurs qui, abusant de leur statut, traitent leurs subordonnés comme des esclaves et s'emportent à la moindre erreur commise ? Si on les supporte par nécessité, si on leur obéit, n'est-il pas vrai que nous n'hésiterons pas, si l'occasion se présente, à quitter ces personnes pour d'autres qui nous feront travailler dans des conditions moins humiliantes et plus avantageuses ? Il y a, en effet, des limites au célèbre « QUI AIME BIEN, CHÂTIE BIEN » !

Plus fait douceur que violence

H. Gerbault

Pour un point Martin perdit son âne

SE DIT LORSQUE QUELQU'UN PERD QUELQUE CHOSE D'IMPORTANT POUR UNE RAISON IDIOTE, PAR NÉGLIGENCE.

Voilà un proverbe très ancien qui n'a jamais réussi à mettre personne d'accord quant à son origine ! Peu importe le mystère qui l'entoure puisque l'anecdote susceptible d'être à sa source est succulente !

Il faut d'abord préciser que, selon les époques, ce proverbe connut des formes différentes. Au XIIIe siècle, on trouve « *Pour un point perdit Gibert son asne* ». Au début du XVe, on pouvait entendre : « *Pour un seul point Gaubert perdit son église* », tandis qu'à la fin de ce siècle, l'usage le transforma en : « *Pour un point perdit Martin son asne* ». Devenu véritable adage populaire au XVIe siècle, il était courant d'entendre que « *Pour un point Baudet perdit son asne* ». Mais d'où viendrait alors ce proverbe si semblable dans sa forme au fil du temps ? Pour certains, il a pour fondement l'historiette suivante.

Un ecclésiastique, nommé Martin et qui possédait l'abbaye d'AselIo en Italie, avait ordonné qu'on écrivît sur la porte principale les mots suivants : *Porta, patens esto, nulli claudaris honesto*, ce qui signifiait : *Porte reste ouverte, ne sois fermée à aucun honnête homme*. C'était à une époque où l'on n'attachait que très peu d'importance à la ponctuation. Le chanoine Martin s'adressa à un ouvrier qui n'était pas plus savant que lui sur le sujet et qui, au lieu de placer la virgule après *esto*, la plaça après *nulli*, ce qui donna : *Porta patens esto nulli, claudaris honesto*. Ce déplacement de la virgule dénaturait complètement le sens premier, car la phrase latine se traduisait alors ainsi : *Porte ne reste ouverte pour personne, sois fermée à l'honnête homme*. Quand le pape eut connaissance de la teneur de cette inscription, il décida de mettre à Martin les points sur les *i* : mécontent de la façon dont le chanoine entendait la charité chrétienne, il lui retira l'abbaye ! Le successeur fit corriger la faute et ajouta ce nouveau vers pour faire savoir que Martin avait perdu son abbaye pour peu de chose. Pour un seul point Martin perdit son abbaye d'Asello. Mais alors pourquoi « *l'abbaye d'Asello* » se serait-elle transformée en « *âne* » ? Asello étant très proche du latin « *asellus* » qui signifie « *petit âne* », le proverbe serait né de là. Mais quel âne, ce Martin !

Puisque le vin est tiré, il faut le boire

PUISQUE L'AFFAIRE EST ENGAGÉE, IL FAUT LA POURSUIVRE,
MALGRE LES RISQUES.

Ce proverbe d'ivrognes était employé à l'origine comme un défi entre convives bons vivants qui se vantaient de pouvoir clouer au sol l'adversaire en concourant dans une compétition de lever de coude ! Ces affrontements bachiques avaient déjà lieu dans les orgies antiques. Ces querelles de bois-sans-soif, auxquelles prenaient beaucoup de plaisir nos vieux aïeux, remontent aux temps les plus reculés. Les Romains, les Grecs, les Hébreux et les Babyloniens ont toujours considéré ces championnats d'alcooliques comme une affaire importante dont on pouvait tirer une gloire certaine et, certainement, une gueule de bois. Chez les Perses, un roi, considéré comme un mauvais buveur, fut remplacé par son frère, comme en témoigna Aristote. Un autre roi avait ordonné que l'on gravât sur sa tombe : *J'ai pu boire beaucoup de vin et le bien porter !* *Puisque le vin est tiré, il faut le boire* jusqu'à la lie... Ce qui peut être vu comme un vice se transformait, pour certains, en une vertu incroyable. Mais attention : QUI A BU BOIRA...

Qui a bu boira !

CE PROVERBE SIGNIFIE QU'IL EST TRÈS DIFFICILE DE SE DÉFAIRE
D'UNE ANCIENNE HABITUDE.

L es mauvaises habitudes ont la vie dure, n'est-ce pas ? Elles s'emparent de vous, vous avilissent, vous rendent dépendant d'elles à tel point qu'il est terriblement difficile d'y renoncer. Votre volonté et votre force ne peuvent lutter contre cette tentation. En effet, rares sont les personnes qui parviennent à surmonter une passion si dévorante !

Erasme (1467-1536) ne manquait pas de faire référence aux chaînes qui nous emprisonnent aux mauvaises habitudes : « *Qui a joué une fois jouera une seconde fois* ». Les vices que représentent l'ivrognerie et le jeu ne peuvent être effacés de nos habitudes qu'avec beaucoup de souffrances et de peines. Dans *L'Ivrogne et sa femme*, La Fontaine ne reconnaît-il pas à son tour que :

> « *Chacun a son défaut où toujours il revient*
> *Honte ni peur n'y remédie.* »

Qui a bu boira

Qui aime bien châtie bien

Qui aime bien châtie bien !

LA PUNITION DONNÉE EST À LA HAUTEUR DE L'AMOUR
QUE L'ON RESSENT.

Alibi souvent employé par les parents pour justifier certains côtés rigides de leur éducation, ce proverbe se rapportait autrefois à Dieu. En effet, jadis, c'est par des préceptes se rapprochant fortement de notre proverbe actuel que l'on justifiait la sagesse de ce Tout-puissant qui punit et pardonne, qui console et soutient, de ce Dieu qui ne souhaite pas de mal à celui qui pèche, mais seulement sa conversion. Un ancien proverbe gaulois disait : « *Dieu aime la créature à qui il a envoyé du mal pour qu'il se souvienne de lui.* » Dans un fabliau du XIIIᵉ siècle, on retrouve cette sentence en vieux langage : « *Dieu, qui m'envoye du mal que je dois supporter, dit que ce mal sentira bon devant lui.* » Alors qu'un proverbe du XIVᵉ siècle affirme la même chose en des termes un peu durs, « *Cuy Dex ayme, il le tempeste et donne à souffrir* », une version plus édulcorée illustre parfaitement notre version actuelle : « *Dieu frappe d'une main, mais il bénit de l'autre.* » Avec tout ça, on a plutôt envie de se tenir à carreau !

Qui dort dîne

LE SOMMEIL TIENT LIEU DE NOURRITURE.

Il est temps de mettre fin à cette idée trop répandue qui laisse entendre que le sommeil fait office de repas. Non, messieurs, dames, dormir ne nourrit pas son homme ! Bien malheureusement ! Pourtant, c'est aujourd'hui dans ce sens-là que ce proverbe doit être pris : celui qui dort n'a pas besoin de dîner puisque le sommeil fait oublier la faim.

Pourtant, l'origine de ce qui est devenu pour nous un proverbe digne d'une publicité de diététicien date du Moyen-âge où l'on pouvait lire cette phrase inscrite sur la porte des auberges. Autrefois, si l'on voulait le gîte pour la nuit, il fallait aussi prendre le couvert. Le voyageur, qui ne voulait ou ne pouvait s'offrir un souper dans l'établissement, ne pouvait prétendre à un lit… Qui ne dînait pas, dormait dehors !

Qui dort dîne.

H. Gerbault

Qui n'entend qu'une cloche
n'entend qu'un son

H. Gerbault

Qui n'entend qu'une cloche n'a qu'un son

QUI N'ENTEND PAS TOUTES LES PARTIES, NE POURRA PRENDRE
DE DÉCISION JUSTE.

Qui pourrait réussir à donner un avis, à formuler un jugement ou prendre une décision d'après un seul discours ? Lors d'un procès, quel juge pourrait se faire une opinion et rendre un verdict juste s'il n'écoutait qu'une seule des deux parties et s'il n'entendait pas la défense après l'accusation ? On ne peut se prononcer ni prendre parti, ni défendre quiconque lors d'un désaccord, d'une querelle ou autre sujet à discussion, sans avoir eu toutes les cartes en main. Dîtes-vous que si vous y arrivez, il y a vraiment quelque chose qui cloche ! Sénèque partageait cette idée qu'il faut entendre tous les sons pour se faire une idée juste de la vérité : « *Prononcer sur le dire d'une partie, sans avoir entendu l'autre, c'est se montrer injuste (...)* ». Pour ne pas passer soi-même pour une cloche, n'est-il pas préférable, avant de condamner quelqu'un, de vérifier le bien-fondé des torts qu'on lui prête ? ON NE JUGE PAS D'UNE CHOSE SUR L'ÉTIQUETTE DU SAC !

Qui se ressemble s'assemble

LES PERSONNES AYANT BEAUCOUP DE POINTS COMMUNS SE LIENT FACILEMENT.

Les personnes de mêmes opinions, de même religion, du même bord politique ou appartenant à la même communauté, se trouvent et s'entendent plus facilement.

Ce proverbe remonte à une très haute antiquité puisqu'on le rencontre, entre autres, dans *L'Odyssée* d'Homère, dans plusieurs passages de Platon, dans les textes d'Aristote ou encore dans un traité de Cicéron. La ressemblance dont il est question ici n'est pas physique, mais appartient au domaine des idées, des principes moraux, des idéologies politiques ou religieuses. Il est plus facile de s'entendre et de créer un lien avec des personnes proches de ce qui nous constitue, de ce qui fait ce que l'on est. Bien évidemment, cela ne sous-entend aucunement que l'inverse n'est pas possible ! N'avez-vous jamais entendu que les contraire s'attirent ?

Qui s'y frotte s'y pique

SI TU ME CHERCHES, TU VAS ME TROUVER.

Ces mots formaient autrefois la devise de certains chevaliers qui avaient la délicatesse de prévenir leurs adversaires de ne pas les irriter. Comme emblème, ils portaient un chardon sur leurs armoiries. Ce chardon se retrouve d'ailleurs sur les armes de la ville de Nancy, accompagné de cette sentence en latin : *Je ne suis pas attaqué sans tirer vengeance.* Ce proverbe fait aussi comprendre qu'on ne doit pas s'attaquer à plus fort que soi et que les gens au caractère belliqueux doivent être évités. PRUDENCE EST MERE DE SURETE, n'est-ce pas ?

Qui trop embrasse mal étreint

CELUI QUI ENTREPREND TROP DE CHOSES A LA FOIS NE RÉUSSIT PAS.

Attention, mes amis ! N'entendez pas « *qui trop embrasse* » par « *qui fait trop de baisers* ». C'est ce que démontrent ces trois vers d'un poète peu connu du XVᵉ siècle, Guillaume Coquillart :

Mais d'embrasser tant de matières
En ung coup, tout n'est pas empraint.
Qui trop embrasse mal estraint.

Le sens de ces vers est fort exact : celui qui tient trop d'objets, dans ses bras, ne peut les tenir parfaitement sans prendre le risque de tout faire tomber. Il en est de même concernant les capacités de l'esprit : les exercer sur trop de sujets à la fois, c'est les affaiblir ; il faut les concentrer pour en tirer tout le profit. On peut appliquer ce proverbe aux conquérants qui agrandissent tant leur empire qu'ils ne peuvent en préserver l'unité, à des savants qui font plusieurs recherches en même temps et qui sont incapables de les mener à bien ou encore à ceux qui se lancent dans l'étude de plusieurs disciplines. Ces derniers ne peuvent donc acquérir qu'une connaissance partielle de chacune. IL NE FAUT PAS COURRIR PLUSIEURS LIÈVRES A LA FOIS !

Rien ne sert de courir, il faut partir à point

FAIRE TOUT À PROPOS EST BIEN PRÉFÉRABLE À UN EMPRESSEMENT FORTUIT OU CALCULÉ. AINSI, CE NE SONT PAS TOUJOURS LES MEILLEURS COUREURS EN APPARENCE QUI ARRIVENT AU BUT.

Pour ce qui est des oeuvres de l'esprit, si l'on interrompt son travail, il arrive que la mémoire, chamboulée par une circonstance ou une autre, ne remplisse pas bien son travail. Il en est de même d'une maladie qu'on laisserait se développer et dont on voudrait enrayer la propagation dès qu'on en connaîtrait la gravité. Ce qu'il aurait fallu faire, c'eût été de la soigner à son début, car, plus tard, les soins des médecins deviennent inutiles, la maladie ayant déjà gagné trop de terrain.

La Fontaine, dans *Le Lièvre et de la Tortue*, s'adresse à ceux qui tardent trop à s'occuper d'une chose, persuadés qu'ils en auront plus tard le loisir. C'est ce que fit le lièvre de la fable dans sa rencontre avec la tortue. Voici, du reste, le résumé de l'histoire : *La tortue parie avec le lièvre qu'il n'atteindra pas plus tôt qu'elle le but désigné. Le lièvre*

Petit livre de nos célèbres proverbes

tient le pari et l'on place les enjeux près du but. La tortue part de suite et s'époumone à hâter ses pas. Le lièvre, qui méprise son adversaire, s'amuse à brouter et à se coucher sur l'herbe. Mais, en se retournant, il voit la tortue près de toucher au but. Il part alors comme une fusée, mais c'est en vain, la tortue arrive la première. C'est le premier vers de cette fable de La Fontaine : « *Rien ne sert de courir, il faut partir à point* », qui est devenu proverbe ou, peut-être, l'a-t-il simplement vulgarisé.

Si jeunesse savait et vieillesse pouvait, jamais disette il n'y aurait !

L'EXPERIENCE ET LA VITALITE NE VONT PAS DE PAIRE.

Ah ! Comme la vie est mal faite ! Alors que le jeune âge permettrait de faire un tas de choses, il lui manque la sagesse et l'expérience que l'on acquiert en vieillissant... Tandis qu'arrivés à un âge avancé, nous n'avons pas les mêmes forces, la même énergie, la même santé... mais nous avons plus de recul sur les choses et les évènements... Or lorsqu'on sait, on ne peut plus et quand on peut, on ne sait pas... Si l'on en croit Suger (1080-1151), abbé de Saint-Denis proche du pouvoir, Louis VI, au crépuscule de sa vie, se plaignait de la tristesse de la condition humaine qui ne réunit que très rarement le savoir et le pouvoir. Selon certains, ce proverbe serait un héritage de notre roi.

Tant va la cruche à l'eau qu'à la fin elle se casse

À FORCE DE COMMETTRE LES MÊMES FAUTES OU DE BRAVER LES MÊMES DANGERS, ON FINIT PAR Y PÉRIR.

Ce proverbe n'est pas récent ! On le retrouve, en effet, cité dans un un fabliau du XIIIᵉ siècle : *« Tant va un pot à liaue qu'il rompt ».*
Cette maxime populaire est de celles auxquelles on ne connait pas d'origine. Comme bon nombre de proverbes, elle est née de l'observation et de l'expérience des peuples et nous délivre une vérité limpide comme de l'eau de roche !
En effet, il faut ménager un bien précieux, ne pas l'exposer au danger, ne pas user abusivement

des ressources que nous avons le privilège d'avoir ni de la générosité de nos proches. Pour résumer, IL NE FAUT PAS POUSSER MÉMÉ DANS LES ORTIES ! C'est un des proverbes les plus sages et les plus utiles si l'on prend soin de le garder dans un petit coin de notre tête. N'oublions pas qu' « *A trop tirer sur la corde, elle finit par casser* ». Bien que très sérieux, réjouissons-nous du détournement qu'en fit Alphonse Allais, journaliste, écrivain et humoriste de la deuxième moitié du XIXe : « *T'en va la cruche à l'eau qu'à la fin elle se case !* »

Tel maître, tel valet

◦

CHAQUE MAÎTRE A LE VALET QU'IL MÉRITE. LE SERVITEUR, L'EMPLOYÉ, AGIT SELON LA PERSONNALITÉ DE SON MAÎTRE, DE SON PATRON.

◦

Thème précieux à Marivaux, Molière ou encore Beaumarchais, les relations entre les valets et leurs maîtres, héritées de la commedia dell'arte et abordées avec une délicieuse légèreté par nos auteurs de théâtre, apparaissent dans les pièces des XVIIe et XVIIIe siècles. D'abord locution proverbiale d'origine latine,

Tel maître, tel valet

H. Gerbault

ce proverbe insiste sur le fait qu'un valet prend souvent les habitudes de son maître, ce dernier étant devenu un modèle à imiter, un roi à singer. Véritable caméléon, le valet adopte les mœurs, les manières et surtout les défauts de celui qu'il espère devenir un jour. *Tel maître, tel valet* met en avant les bases et le bien-fondé de la hiérarchie. En effet, le maître ne peut mériter son statut que s'il est un modèle pour son dévoué. Ce qui nous ramène à un autre proverbe du même genre : « LES BONS MAÎTRES FONT LES BONS VALETS ». N'est-il pas vrai qu'en traitant bien ses employés, on n'en sera que mieux servi ?

Tel père, tel fils

LES TRAVERS D'UN PÈRE SE RETROUVENT GÉNÉRALEMENT CHEZ SON FILS.

« DE MAUVAIS CORBEAU, MAUVAIS ŒUF », affirme un autre proverbe. Homère, poète épique du VIIIe siècle av. J.-C., disait que les fils sont souvent pires que leur père... Bien sûr, l'histoire nous a légué de nombreux exemples qui n'ont pas fait mentir ce proverbe et ce, dès l'antiquité romaine. Mais attention, ne soyons pas fatalistes ! De merveilleuses exceptions n'ont pas confirmé la règle... de la génétique ! Si « LES CHIENS NE FONT PAS DES CHATS », un homme monstrueux peut tout à fait engendrer un fils humaniste, droit et généreux. En revanche, une chose est sûre, « BON SANG NE PEUT MENTIR ». Un homme bon, aux principes établis, ne peut que léguer à son enfant les mêmes valeurs. On reconnaît dans les qualités d'un fils celles de son père !

Tel qui rit vendredi, dimanche pleurera

IL NE FAUT PAS COMPTER SUR UN BONHEUR CONSTANT. LE BON ET LE MAUVAIS SE SUCCÈDENT CONTINUELLEMENT, LA TRISTESSE SUCCÈDE À LA JOIE, LE DÉGOÛT AU PLAISIR, LE MALHEUR AU BONHEUR.

Certaines gens croient au sombre préjugé qui considère le vendredi comme un jour néfaste. Cette superstition est encore, pour beaucoup d'entre nous, à la mode en France et la raison n'a pas pu, jusqu'à présent, rendre justice à ce jour comme les autres. Personne n'ignore que les Romains avaient leurs jours fastes et néfastes, mais ils ne pouvaient regarder comme de mauvais augure le vendredi, jour consacré à Vénus. C'est une idée religieuse des modernes qui étaient convaincus qui'ils ne devaient rien entreprendre ce jour-là.

On peut citer à ce sujet un vers du poète grec Hésiode, qu'Erasme a traduit de cette façon : *Un jour est pour nous une bonne mère et dans un autre jour nous trouvons une marâtre.* On trouve dans un très vieux fabliau médiéval ces quatre vers :

> « *En peu d'heures Dieu travaille :*
> *Tel rit au matin qui le soir pleure ;*
> *Et tel est courroucé le soir,*
> *Qui au matin est joyeux et gai.* »

Au XVIIᵉ siècle, dans la comédie *Les Plaideurs* de Racine, Petit-Jean débute son monologue par ces deux vers :

« *Ma foi, sur l'avenir, bien fou qui se fiera : / Tel qui rit vendredi, dimanche pleurera.* »

Rassurons-nous car, comme le dit avec beaucoup plus d'optimisme l'autre proverbe « Après la pluie vient le beau temps » ! En effet, il ne tient qu'à nous de voir le verre à moitié plein ou à moitié vide...

Tout ce qui brille n'est pas or

Qui ne s'est jamais laissé éblouir par l'éclat trompeur de certaines choses ? Ce proverbe ne s'applique pas tant aux choses matérielles mais bien à la condition des grands de ce monde que le petit peuple regarde souvent d'un œil envieux... Mais derrière les apparences dorées de ces existences privilégiées se cachent aussi des douleurs et des peines. Ne nous fions pas trop à l'image que nous renvoient ces hommes dont la vie semble parfaite. Ne soyons pas victimes d'un certain mirage qui dissimule aussi des souffrances. Combien d'entre nous a déjà envié un statut, une fortune, un rang ? Beaucoup. Mais envions-nous aussi la part de malheurs qui compose une existence ? Méfions-nous du miroir aux alouettes... Les dehors du bonheur cachent bien souvent les souffrances de l'âme. Aussi modeste soit notre existence, ne nous laissons pas leurrer par le bonheur des autres si le nôtre n'est troublé par aucune jalousie, par aucun regret, par aucune tragédie. N'oubliez pas : « L'HABIT NE FAIT PAS LE MOINE » !

Tout nouveau, tout beau

Nous sommes attirés par ce qui est nouveau pour nous en lasser ensuite très vite.

Ah ! que la nouveauté a de charme pour nous tous ! Par amour pour elle, ne nous lassons-nous pas trop facilement de ce qui nous plaisait pourtant auparavant ? La nouveauté rend inconstants les insatisfaits que nous sommes... L'arrivée d'une nouvelle personne dans notre entourage nous ravit, nous fait plaisir, ce changement nous est d'abord bénéfique. Mais si l'on en croit Plaute, né en 254 av. J.-C., trois jours après nous sommes déjà las de ce qui nous émoustillait si peu de temps auparavant. En effet, l'auteur latin avançait que « *le poisson n'est bon que quand il est frais* » ! Tandis qu'un proverbe espagnol ajoute : « *L'hôte et le poisson, passé trois jours, puent.* » Ce qui ne donne pas vraiment envie de s'éterniser chez les uns ni d'héberger trop longtemps les autres !

Tout vient à point à qui sait attendre

IL FAUT ATTENDRE AVANT DE VOULOIR RECUEILLIR DES RÉSULTATS.

On trouve ces mots dans *L'Ecclésiaste* : *Il y a pour tout un moment fixé et chaque entreprise a son temps marqué sous les cieux.* Ce proverbe s'adresse à ces hommes qui manquent de détermination dans leurs résolutions et qui, pressés par l'impatience, compromettent le succès des meilleures affaires. Rabelais (1494-1553), dans *Pantagruel,* utilisait cette expression : « *Tout vient à point à qui peult attendre.* » Au XVIIe siècle, Bossuet disait à ce sujet : « *La science des occasions et des temps est la principale partie des affaires. Précipiter ses affaires, c'est le propre de la faiblesse qui est contrainte de s'empresser dans l'exécution de ses desseins, parce qu'elle dépend des occasions.* » N'oublions pas les propos de La Fontaine : « PATIENCE ET LONGUEUR DE TEMPS FONT PLUS QUE FORCE NI QUE RAGE »… Aller trop vite en besogne n'est que préjudiciable ! NE METTONS PAS LA CHARRUE DEVANT LES BŒUFS.

Un homme averti
en vaut deux

*SE DIT DE CEUX QUI, PRÉVENUS DE QUELQUE DANGER OU DE
QUELQUE MENACE, ONT PRIS LEURS MESURES POUR Y ÉCHAPPER,
ET QUI, SE TENANT SUR LEURS GARDES, SONT DOUBLEMENT FORTS.*

Le commun et le vulgaire déforment souvent ce proverbe, et l'on entend dire parfois : *Un borgne averti en vaut deux,* ce qui ne manque pas d'un certain sens comique. L'ancien proverbe était celui-ci : *Qui dit averti, dit muni.* Il faut entendre ici *muni,* par *qui a pris ses précautions.* Vérité universelle puisque ce proverbe existe à peu près dans toutes les langues !

Un Normand a son dit
et son dédit

MANQUER DE PAROLE. CHANGER D'AVIS.

Pauvres Normands ! Mais d'où vient cette réputation qui les poursuit encore aujourd'hui ? Ce reproche vient d'une ancienne coutume concernant leur façon de traiter les affaires. Autrefois, les contrats ne prenaient effet que vingt-quatre heures après leur signature : pendant ce temps, chaque partie avait la possibilité de réfléchir sur le marché et le droit de se dédire. C'est de là que viendrait la réputation des Normands de ne pas avoir de parole et dont serait née également cette expression si connue : faire une réponse de Normand !

Un peu d'aide fait grand bien

MÊME UN PETIT GESTE D'UN TIERS POUR NOUS RÉCONFORTER OU POUR NOUS AIDER FAIT UN BIEN FOU ET NOUS REDONNE COURAGE.

Nul besoin de grande démonstration. Une main tendue, une petite pièce donnée, une parole amicale, un conseil judicieux, suffisent parfois à remonter le moral d'une personne en détresse. Nul besoin de sortir l'artillerie lourde pour venir en aide à quelqu'un, pour lui prouver notre compassion ou notre plus sincère empathie. Une présence bienveillante et rassurante n'est-elle pas un réconfort salutaire pour celui qui a besoin d'aide ? Tendre la main

Un peu d'aide fait grand bien.

H. Gerbault

à celui qui a du mal à avancer et lui donner l'impulsion nécessaire pour lui redonner courage, aider quelqu'un à porter une charge trop lourde, consacrer une heure à parler avec une personne qui se sent seule, n'est rien pour celui qui le fait, mais important pour celui dans le besoin. Comme le dit un autre proverbe, n'oubliez jamais : « UN BIENFAIT N'EST JAMAIS PERDU » !

Un tiens vaut mieux que deux tu l'auras

IL VAUT MIEUX CHOISIR DE POSSÉDER UNE CHOSE QUE L'ON A, SI MODESTE SOIT-ELLE, PLUTÔT QUE D'ESPÉRER UNE CHOSE SUPÉRIEURE DONT RIEN NE GARANTIT QU'ELLE VIENDRA.

D'autres proverbes bien connus et tout aussi intéressants veulent exactement dire la même chose que celui-ci. Si la forme change, l'idée, quant à elle, est respectée à la lettre. Ne vous a-t-on jamais dit : « *Mon ami(e)*, IL NE FAUT PAS LÂCHER LA PROIE POUR L'OMBRE » ? Ne vous a-t-on jamais dissuadé de « COURIR DEUX LIÈVRES À LA FOIS » au risque de n'en attraper aucun ? Ne vous a-t-on jamais fait comprendre que « LE MIEUX EST L'ENNEMI DU BIEN » ? Oui, en effet, « UNE TRUITE DANS LA MARMITE VAUT MIEUX QUE DEUX SAUMONS DANS LA RIVIÈRE », autrement dit, « UN TIENS VAUT MIEUX QUE DEUX TU L'AURAS » !

Inspiré de la fable d'Esope, *Le Pêcheur et le Picarel* qui se termine ainsi : « *Je serais un sot de lâcher le butin que j'ai dans la main, pour compter sur le butin à venir, si grand qu'il soit* », Jean de La Fontaine nous offre la version actuelle de notre proverbe dans *Le Petit poisson et le pêcheur* : « *Un Tiens vaut, ce dit-on, mieux que deux Tu l'auras /(L'un est sûr, l'autre ne l'est pas)* ». De cette fable serait né notre proverbe. Sagesse ô combien universelle puisqu'on retrouve chez d'autres peuples cette même idée qu'il est imprudent de vouloir « *mieux* » quand on a déjà « *bien* ». Les Espagnols disent : « *Mieux vaut un prends que deux je te le donnerai* », tandis que nos amis de la botte italienne assurent qu'« *un pigeon vaut mieux dans la main qu'une grive sur la branche* ». Pour les Turcs, « *il vaut mieux avoir l'œuf aujourd'hui que la poule demain* ».

Mais revenons vers notre célèbre fabuliste qui, dans bien d'autres fables, renforça l'idée générale qui se dégage de tous ces proverbes. D'abord, dans *Le Loup et le chien maigre* où le chien, de mauvais conseil, encourage le loup à *lâcher la proie pour l'ombre*. Pour conclure, citons la moralité de la fable *Le Héron* : « *On hasarde de perdre en voulant trop gagner, / Gardez-vous de rien dédaigner. / Surtout quand vous avez à peu près votre compte.* » La Fontaine ne nous a-t-il pas livré, dans ses brillants écrits, les bases de notre sagesse ? Abreuvez-vous de ses fables et que je ne vous entende surtout pas dire : La Fontaine, je ne boirai pas de ton eau !

Une hirondelle ne fait pas le printemps

IL NE FAUT PAS TIRER DE CONCLUSION D'UN FAIT OU D'UN ÉLÉMENT UNIQUE. IL NE FAUT PAS SE FIER TROP VITE AUX APPARENCES.

Hérité du latin, le proverbe fait sa première apparition chez le philosophe grec Aristote (384 -322 av. J.C.), sous la forme suivante : « *Une seule hirondelle ne fait pas le printemps ; un seul acte moral ne fait pas la vertu* ». C'est au célèbre fabuliste Esope et à sa fable *Le Jeune prodigue et l'Hirondelle* qu'Aristote emprunta l'image de l'oiseau annonciateur des beaux jours. Ne généralisonss pas !

Petit livre de nos célèbres proverbes

Ventre affamé n'a point d'oreilles

CELUI QUI A FAIM N'ENTEND RIEN.

Lorsque votre estomac se tord à vous faire mal, que votre ventre gargouille, que cette sensation de faim prend le pas sur tout le reste, vous sentez-vous capable de faire quoi que ce soit d'autre que de penser à manger ? Non, n'est-ce pas ? Et pour cause puisque notre estomac est le plus exigeant de nos organes. Que nous soyons grands ou misérables, nous sommes perpétuellement l'esclave de ce maître insatiable ! Dans ses *Mémoires,* le cardinal de Retz se plaint d'ailleurs que les mesures de sa politique sont souvent dérangées par les estomacs bruyants des parlementaires ! Impossible de se concentrer sur autre chose quand on a le ventre vide... Pensons alors à aller nous coucher, puisque « *Qui dort, dîne !* »

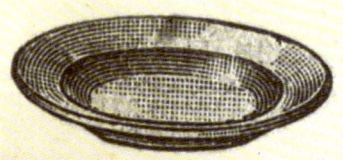

Bibliographie

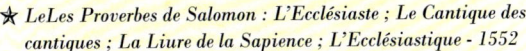

★ LeLes Proverbes de Salomon : L'Ecclésiaste ; Le Cantique des cantiques ; La Liure de la Sapience ; L'Ecclésiastique - 1552

★ L'Etymologie ou explication des proverbes françois, divisée en Trois livres par chapitres en forme de dialogue, par Fleury de Bellingen - 1656

★ Les Proverbes de Salomon: traduits en françois, par Charles Savreux - 1672

★ Le Livre des proverbes français: précédé de recherches historiques sur les proverbes français et leur emploi dans la littérature du Moyen-âge et de la Renaissance, Volume 1, M. Le Roux de Lincy -1859

★ Fables choisies de Jean de La Fontaine, Editions Les Vieux tiroirs - 2013

★ Fables de Jean de La Fontaine - 1849.

★ Dictionnaire des proverbes français, par Pierre Antoine Leboux de La Mésangère - 1823

★ Histoire générale des proverbes, adages, sentences, apophthegmes, dérivés des mœurs, des usages, de l'esprit et de la morale des peuples anciens et modernes, Volume 1, par Charles de Méry - 1828

★ Dictionnaire étymologique, historique et anecdotique des proverbes et des locutions proverbiales de la langue française en rapport avec des proverbes et des locutions proverbiales des autres langues, par Pierre-Marie Quitard -1842

★ Études historiques, littéraires et morales sur les proverbes français et le langage proverbial, par Pierre-Marie Quitard - 1860

★ La Fleur des proverbes français, par M. G. Duplessis - 1853

★ Les Proverbes : histoire anecdotique et morale des proverbes et dictons francais, par Joséphine Amory de Langerack - 1860

★ Remarques historiques, philologiques, critiques et littéraires, sur quelques locutions, proverbes et dictons populaires inédits du moyen-âge, par Georges Adrien Crapelet - 1831

★ Histoire des Proverbes rédigée par le traducteur de la Galerie anglaise, par Noël-Laurent Pissot - 1803

★ Proverbiana, ou recueil des proverbes les plus usités & les plus saillans, avec leur signification précise - L'an qui refuse muse.

★ Les Psaumes, les Proverbes et l'Ecclésiaste de la parole de Dieu - 1831

★ Les meilleurs proverbes français et étrangers, par l'auteur de deux humilités illustres et de plusieurs ouvrages historiques - 1864

★ Les Matinées sénonaises, ou proverbes français suivis de leur origine, etc. , par l'abbé Tuet -1789

★ La manie des proverbes d'après Théodore Leclerq, par Charles duc de Morny - 1865

★ Nouveau dictionnaire des proverbes de la langue française, expliqués d'après l'Académie, par l'abbé Olinger - 1855

★ Cent proverbes, par Grandville - 1845

★ Recueil de proverbes de différents peuples, par un ancien recteur d'Académie - 1829

★ Etudes sur les proverbes, par J. Stecher - 1861

★ Sentences et proverbes du Talmud et du Midrasch - 1878

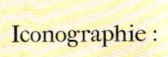

Iconographie :

Couverture et p.107 : **Tel maître, tel valet -** Abondance de bien ne nuit pas - p.20 - **Aux grands maux les grands remèdes - p.27 -** Aux innocents les mains pleines -p.29 - **Les goûts et des couleurs il ne faut pas discuter - p37 -** Il n'y a pas de sots métiers - p.51 - **Jamais grand nez n'a déparé beau visage - p.60 -** L'appétit vient en mangeant - p.63 - **L'occasion fait le larron - p.67 -** La mauvaise herbe croît toujours - p.73 - **On a souvent besoin d'un plus petit que soi - p.83 -** Plus fait douceur que violence - p.88 - **Qui a bu boira - p.93 -** Qui aime bien châtie bien - p.94 - **Qui dort dîne - p.97 -** Qui n'entend qu'une cloche n'entend qu'un son - p.98 - **Un peu d'aide fait grand bien - p.116 -** Série de vignettes issues de la collection Ricqlès illustrées par Henri Gerbault - Editions Les Vieux Tiroirs.

Ouvrages déjà parus

**BIBLIOTHÈQUE PLAISANTE ET ENRICHISSANTE
À L'USAGE DES BAVARDS**

★ Petit manuel des Fantaisies du langage

★ Petit manuel des Curiosités de la conversation

★ Petit livre des Mots d'esprit
ou la fine fleur de la répartie à la française

★ Petit livre des grandes citations historiques

★ Petit livre de nos célèbres Proverbes
ou petite histoire de la sagesse populaire

★ Petit livre des Mots d'esprit
ou l'art de la rétorque du tac au tac - Volume II -

Nos Collections

**BIBLIOTHÈQUE AMUSANTE ET INSTRUCTIVE
À L'USAGE DES CURIEUX**

LES CHEMINS DE L'HISTOIRE

**BIBLIOTHÈQUE DIVERTISSANTE ET INTEMPORELLE
À L'USAGE DES PLUS JEUNES**

BIBLIOTHÈQUE JOLIE ET RIMÉE À L'USAGE DES POÈTES

PLUME D'OIE

Publié par les EDITIONS LES VIEUX TIROIRS

Le Bourg - 43380 Villeneuve d'Allier

© EDITIONS LES VIEUX TIROIRS

Dépôt Légal : Mai 2014

E-mail : info@lesvieuxtiroirs.com

Textes & Iconographie : Delphine Dupuis

Graphisme & Mise en page : Damien Locussol

Première édition.

Imprimeur : Industria Grafica Cayfosa

Imprimé en Espagne : 05/2014

Retrouvez nos prochaines parutions et la présentation

de tous les ouvrages de notre catalogue sur notre site :

www.lesvieuxtiroirs.com